WOLFRAM FRANKE

DER
SCHNECKENFESTE
GARTEN

Naturgemäße Abwehr · Robuste Pflanzen

blv

Was Sie in diesem Buch finden

Wachsen, Gedeihen und Leben im Garten

Aufgaben im Naturhaushalt

In unberührter Natur gibt es keine »Schädlinge«. Jedes Lebewesen hat nicht nur eine Daseinsberechtigung, es erfüllt auch wichtige Aufgaben im Naturhaushalt. So auch die Schnecken, die in freier Natur leben und obwohl sie sich vermehren, werden sie dort kaum zur Plage. Abhängig vom Nahrungsangebot und der Anzahl ihrer Fressfeinde fügen sie sich in die Gemeinschaft aller Lebewesen ein.

Doch derart unberührte Natur gibt es nicht mehr – jedenfalls nicht in unseren Breiten. Wir Menschen haben sie aus dem Gleichgewicht gebracht, durch Rodung, Ackerbau und Viehzucht, Bauen von Hochhäusern, Industrieanlagen und Tiefgaragen sowie durch Bodenversiegelung für immer mehr Straßen, Autobahnen und Parkplätze. Manche Flächen werden durch Absenkung des Grundwasserspiegels komplett trockengelegt, andere sind aufgrund von Staunässe ständig feucht. Viele sensible Pflanzen und Tiere vertragen diese Milieus sowie mancherlei Schadstoffe auf Dauer nicht und verabschieden sich aus manchen Landstrichen für immer. Der Lebensraum für Pflanzen und Tiere ist kleiner geworden und auf den verbliebenen Restflächen nicht immer optimal. Doch einige Arten profitieren davon. Sie können sich ausbreiten, weil ihnen kaum ein anderes Lebewesen Grenzen setzt. Und so greifen sie unsere Gartenpflanzen an, das Gemüse aber auch die ein- und zweijährigen Blumen, die Stauden sowie einige Kräuter. Aus unserer menschlichen Sicht bezeichnen wir sie als Schädlinge. Und da stehen Nacktschnecken in der negativen Rangordnung ganz oben.

Da aber auch sie in unserem Ökosystem eine wichtige Bedeutung haben, will dieses Buch von einer vernichtenden Bekämpfung der Nacktschnecken abraten und stattdessen vor allem die sanften Methoden aufzeigen, den Schaden, den sie anrichten auf ein verträgliches Maß zu begrenzen. Eine wichtige Rolle spielen dabei Pflanzen, vor allem Stauden, die von Schnecken gemieden werden. Und das sind gar nicht wenige.

✳ Sofern Nacktschnecken nicht in Invasionen auftreten, erfüllen sie nützliche Funktionen im Naturhaushalt.

Warum sich Schnecken so rasend schnell vermehren

In unseren Gärten finden Schnecken einen reich gedeckten Tisch und oftmals einen für sie günstigeren Lebensraum als draußen in der freien Landschaft. Feuchtwarme Nächte im Frühjahr und Sommer begünstigen die Beweglichkeit der Schnecken, erleichtern ihnen den Weg zu den Pflanzen, an denen sie fressen. Wer abends noch einen Regner anstellt, der nicht nur die Erde, sondern auch die Blätter der Pflanzen benetzt, begünstigt die Nacktschnecken auch dann, wenn der Boden nachts relativ trocken wäre und ihnen das Kriechen so erschwert würde.

● Ein ohnehin schon geschwächter Salat lockt Schnecken an und hält sie von anderen Pflanzen ab.

Weiche Stängel und Blätter infolge zu geringer oder zu hoher Versorgung mit Stickstoff, die noch zusätzlich feucht sind, bieten den ungeliebten Kriechern einen reich gedeckten Tisch. Aus vielen Gemüsesorten, vor allem F1-Hybriden, wurden natürliche Abwehrstoffe der Pflanzen gegen den Fraß von Schädlingen herausgezüchtet, um sie für unseren Verzehr genießbarer zu machen. Leider profitieren vor allem auch die Schnecken davon. Ebenso gibt es, für Gartenfreunde verborgene Hohlräume und Spalten im Boden, in denen die Schnecken ihre Eier geschützt ablegen können.

Dagegen ist der Lebensraum der natürlichen Gegenspieler der Nacktschnecken in den letzten Jahrzehnten immer kleiner geworden. In unserer ausgeräumten, asphaltierten und betonierten Landschaft, aber auch in allzu aufgeräumten Gärten, in denen es nur Rasen und Thujen gibt, fehlt es an geeigneten Biotopen, in denen sie leben und sich vermehren können. Igel, Kröte, Molch und Laufkäfer finden keinen Unterschlupf, keine Möglichkeit zum Überwintern, und Vögeln mangelt es an geeigneten Nistgelegenheiten und Nahrung zur Aufzucht ihrer Jungen. So wächst eine Vielzahl von Nacktschnecken heran, die sich dann im Spätsommer nahezu ungestört vermehren kann. Hinzu kommt, dass eine Nacktschneckenart seit den 1950er-Jahren invasionsartig über unsere Gärten herfällt und offenbar keine natürlichen Fressfeinde hat.

Das Märchen von der »Spanischen Wegschnecke«

Der höchste Anteil an Fraßschäden wird der »Spanischen Wegschnecke« *(Arion lusitanicus)* zugeschrieben. Allerdings hat sich die oft erzählte Legende, sie sei einst durch Gemüsekisten aus Spanien oder Portugal eingeschleust worden, als falsch erwiesen. Wie Prof. Dr. Markus Pfenninger, Leiter des Laborzentrums des Biodiversität und Klima Forschungszentrums (BiKF) der Senckenberg Gesellschaft für Naturforschung an der Goethe-Universität Frankfurt festgestellt hat, kommt die in unseren Breiten gefürchtete und fälschlicherweise als »Spanische Wegschnecke« bezeichnete Art auf der ganzen Iberischen Halbinsel gar nicht vor. Genau genommen trifft somit auch der lateinische Name *Arion lusitanicus* auf diese Art nicht zu. Die wissenschaftlich korrekte Bezeichnung ist *Arion lusitanicus auct. non Mabile.* (Wissenschaftliche Bezeichnung für eine von dem Autor »Mabile« fehlbestimmte Art). Ein anderer wissenschaftlicher Name lautet *(Arion vulgaris).* Exakt lässt sich jedoch die sogenannte Spanische Wegschnecke von anderen Wegschneckenarten kaum unterscheiden. Fest steht allerdings, dass es sich um eine in Mitteleuropa heimische Art handelt.

Ihre Anwesenheit wurde bereits in den 1950er-Jahren in Westfrankreich und später in anderen mittel- und nordeuropäischen Ländern festgestellt. So stellt sich die Frage, warum sich ausgerechnet diese Art so stark verbreiten konnte. Gemeinhin wird das mit ihrem Schleim begründet, der vielen Nützlingen offenbar zu bitter ist.

Der Hauptgrund für ihre starke Ausbreitung dürfte allerdings in der sich während der letzten fünf Jahrzehnte dramatisch veränderten Umwelt liegen: Zerstörung von Lebensräumen, eine veränderte, einseitige Landwirtschaft und zunehmend verödete Gärten. Offenbar konnte sich diese, von manchen Autoren auch als »Kapuzinerschnecke« bezeichnete Nacktschnecke, den sich mehr und mehr verschlechternden Umweltbedingungen sowie auch dem Klimawandel geschuldeten langen Trockenperioden besser anpassen als andere Nacktschnecken und alle ihre Fressfeinde.

✻ Petersilie gehört zu den Kräutern, denen Nacktschnecken nur schwer etwas anhaben können.

Schnecken und ihre Lebensweise

Welche Lebensbedingungen brauchen Schnecken?

Aus unserer menschlichen Sicht teilen wir die wild lebenden Tiere in Schädlinge und Nützlinge ein. Doch nahezu jedes Lebewesen kann sich auf unser menschliches Tun sowohl nützlich als aus schädlich auswirken. Wer würde von Krankheiten und Schädlingen befallene Pflanzen und von schädlichen Bakterien, Pilzen, Viren befallene Tierkothaufen und Kadaver vertilgen und so ihre Umwelt vor Schaden bewahren, wenn dies nicht unter anderem die Nacktschnecken täten? Darüber sehen wir allzu leicht in unserem Gartenalltag hinweg. Wir sehen und beklagen nur den Verlust unserer Gemüsepflanzen sowie mancher Sommerblumen und Stauden.

Schnecken bestehen zu mehr als 80 Prozent aus Wasser. Das benötigen sie unter anderem, um den Schleim zu produzieren, den sie durch ihren Fuß ausscheiden. Dieser besteht zu 98 Prozent aus Wasser. Auf dieser selbst produzierten Schleimspur bewegen sie sich fort. Je feuchter der Boden, desto weniger Schleim müssen sie absondern, umso leichter können sie an ihr Ziel gelangen. Auf trockenem Boden kommen sie nur schwer oder gar nicht voran. Sie hätten ihren Vorrat an Feuchtigkeit bald aufgebraucht. Sie würden in kurzer Zeit vertrocknen. Diese Art der Fortbewegung erklärt, warum sich Schnecken vor allem nachts oder in den frühen Morgen- und späten Abendstunden sowie bei Regenwetter auf Nahrungssuche begeben.

Hinzu kommt ihre hohe Empfindlichkeit gegenüber Sonnenlicht. Der Bedarf an Feuchtigkeit ist bei den einzelnen Arten unterschiedlich hoch. Die Kapuzinerschnecke kann wesentlich längere Trockenphasen vertragen als andere Nacktschnecken. Den Tag verbringen Schnecken, sofern es nicht regnet, in dunklen und feuchten Unterschlupfen wie in Erdspalten, unter bemoosten Steinhaufen, unter Stapeln von morschem Holz, feuchtem Laub sowie in Komposthaufen. Alle Schnecken ernähren sich von abgestorbener und faulender Substanz. Vor allem Nacktschnecken verspeisen darüber hinaus aber auch lebende, vorrangig geschwächte Pflanzen. In geringerem Maß trifft dies ebenso auf Gehäuseschnecken, so auch auf Weinbergschnecken zu. Einige Schneckenarten ernähren sich außerdem von Schneckeneiern und kleinen Nacktschnecken anderer Arten. Schäden an unseren Gemüsepflanzen, Sommerblumen und Stauden bis zu deren völliger Vernichtung richten vor allem die zur Gruppe der Großen Wegschnecken gehörenden Arten an. Um Schäden, die diese Nacktschnecken verursachen, auf ein erträgliches Maß zu begrenzen, müssen wir ihre Eigenheiten und ihre Lebensweise kennen. Nur so können wir ihnen das Leben in unseren Gärten schwer machen, ihnen die Lust und den Appetit auf unsere Gartenpflanzen verderben.

Es lohnt sich also, sie näher kennenzulernen.

Einzelne Arten

Große Wegschnecken

Diese Gruppe umfasst drei Arten, die sich mit bloßem Auge nur schwer voneinander unterscheiden lassen: die **Große Rote Wegschnecke** *(Arion rufus)*, die **Große Schwarze Wegschnecke** *(Arion ater)* und die **Kapuzinerschnecke** *(Arion vulgaris)*, die mit der auf der iberischen Halbinsel vorkommenden Spanischen Wegschnecke *(Arion lusitanicus)* noch immer verwechselt wird. Die Kapuzinerschnecke hat die beiden anderen Arten nahezu völlig verdrängt, sodass wir fast immer davon ausgehen können, dass es sich bei den großen Wegschnecken in unserem Garten um sie handelt. In unserer gärtnerischen Praxis ist es allerdings egal, wer an den Pflanzen nagt.

Die **Schwarze Wegschnecke** *(Arion ater)* können wir in unseren Breiten ausschließen, denn sie ist in Skandinavien und Nordengland beheimatet, in Deutschland kommt sie nur in wenigen Gebieten Schleswig-Holsteins vor.

Die **Große Rote Wegschnecke** *(Arion rufus)* kann eine Länge von 12 bis 15, manchmal sogar 20 Zentimetern erreichen. Sie ist keineswegs immer rotbraun oder rotorange, wie der Name sagt, diese Schnecke kann auch grau, dunkelbraun oder schwarz gefärbt sein. Eben darum ist sie leicht mit der Kapuzinerschnecke zu verwechseln. Sie ernährt sich hauptsächlich von lebenden Pflanzen, seltener von Aas.

Kapuzinerschnecke

(Arion vulgaris)

(häufig fälschlicherweise als »Spanische Wegschnecke« bezeichnet)

Wie wissenschaftliche Untersuchungen gezeigt haben, ist diese Nacktschnecke weder in Spanien noch in Portugal anzutreffen, sie ist jedoch in nahezu allen mitteleuropäischen Ländern seit Jahrzehnten weit verbreitet. Dass sie sich derart invasionsartig ausgebreitet hat, mag an der sich seit den 1960er-Jahren zunehmend verschlechternden Umweltsituation und der ausgeprägten Fähigkeit der Tiere liegen, sich an für sie weniger günstige Lebensbedingungen anzupassen.

Länge: 8–12 cm

Farbe: braun bis rotbraun

Nahrung: Aas (sie vertilgt ihre eigenen toten Artgenossen), Tierkot, faulende Früchte, abgestorbene und lebende Pflanzen.

Diese Großen Wegschnecken, einschließlich der Kapuzinerschnecke sind kaum voneinander zu unterscheiden, da sie in Farbe und Körperbau variieren und sich einander nahezu angleichen. Da die Große Rote Wegschnecke *(Arion rufus)* von der Kapuzinerschnecke weitgehend verdrängt ist, können wir bei jeder großen Nacktschnecke, die wir im Garten antreffen fast immer davon ausgehen, dass es sich um die sogenannte Spanische Wegschnecke handelt. Für die Praxis ist dies ziemlich egal. Vor beiden müssen wir unsere Pflanzen schützen. Auch die jungen Wegschnecken sind sich ähnlich. Die frisch ge-

❋ Schwarze Wegschnecke *(Arion ater)*

❋ Große Rote Wegschnecke *(Arion rufus)*

❋ Eigelege der Kapuzinerschnecke

❋ Kapuzinerschnecke *(Arion vulgaris)*

❋ Gartenwegschnecke *(Arion hortensis)*

❋ Gemeine Wegschnecke bei der Eiablage

❋ Genetzte Ackerschnecke *(Deroceras reticulatum)*

schlüpften Winzlinge sind fast durchsichtig und färben sich mit zunehmendem Wachstum bräunlich bis rotbraun. Mit ihnen ist bereits im Herbst zu rechnen.

Gartenwegschnecke

Von ihr gibt es zwei Arten, die sich nur geringfügig voneinander unterscheiden: die **Gartenwegschnecke** *(Arion hortensis)* und die **Gemeine Wegschnecke** *(Arion distinatus)*. Ein wesentlicher Unterschied besteht darin, dass *Arion hortensis* nur in Westdeutschland sowie in den westeuropäischen Nachbarländern, *Arion distinatus* dagegen nahezu im gesamten Europa, auf jeden Fall aber in ganz Deutschland verbreitet ist.

Diese Schnecken werden nur drei bis höchstens fünf Zentimeter lang. Sie sind graubraun gefärbt mit einer dunkelgelben bis tief orangefarbenen Sohle. Auch ihr Körperschleim ist gelb. Die Gartenwegschnecke ist auf dem Rücken mit schneeweißen Pigmentpunkten gesprenkelt, während die Gemeine Wegschnecke heller braungrau gefärbt ist und auf dem Rücken gelbe bis braungraue helle sowie einen seitlichen dunklen Streifen trägt. Die frisch geschlüpften Schnecken leben in der Erde und sind so gut wie gar nicht zu erkennen, somit kann man sie nur schwer abwehren. Auch die erwachsenen Tiere dieser beiden Arten leben vor allem im Boden und wagen sich nur bei Feuchtigkeit an die Oberfläche. Sie ernähren sich von Pflanzenwurzeln, vorzugsweise von Wurzel- und Knollengemüse wie Möhren, Kartoffeln etc. und den Keimlingen frischer Saaten.

Genetzte Ackerschnecke

(Deroceras reticulatum)

Neben einigen anderen Arten der Ackerschnecke kommt diese am häufigsten vor und gilt neben der Kapuzinerschnecke als die Schnecke, die am meisten Schaden an Kulturpflanzen anrichtet. Diese hellbraune bis cremefarbene Nacktschnecke ist meist von einer dunkleren Netzstruktur überzogen, wobei Farbe und Muster sehr variabel sein können. Die ausgewachsenen Schnecken sind vier bis sechs Zentimeter lang. Sie leben vorzugsweise in der Erde und kommen bei entsprechend hoher Feuchtigkeit an die Oberfläche. Ackerschnecken schädigen die Pflanzen sowohl an den Wurzeln als auch oberirdisch. Die fast durchsichtigen Eier, und die frisch geschlüpften Jungtiere sind kaum zu erkennen. Die jungen und erwachsenen Tiere überwintern im Boden, Letztere kommen auch an milden Wintertagen an die Oberfläche und fressen an Pflanzen. Vor allem Kohl und Salate sowie Spargel werden stark befallen. Im Übrigen ist die genetzte Ackerschnecke ein Allesfresser.

Egelschnecken oder Schnegel

Diese Gruppe von Nacktschnecken treffen wir seltener in unseren Gärten an. Der Bierschnegel, den man früher irrtümlich für einen Vorratsschädling hielt, steht heute sogar unter Naturschutz. Im Garten treffen wir vor allem den Tigerschnegel *(Limax maximus)* an. Neben dem Schwarzen Schnegel *(Limax cinereoniger)* ist der die größte in Europa lebende Landschnecke. Er kann eine Länge bis zu 25 Zentimeter erreichen. Schnegel kommen sowohl an feuchten, schattigen Stellen in der Natur als auch in Gärten vor.

Farbe: schwarz bis hellgrau, je nach Art gestreift, gescheckt oder gepunktet. Auch die jungen Tiere zeigen relativ früh solche Muster.

Nahrung: Pilze, Algen, Aas, abgestorbene, seltener lebende Pflanzen. Der Tigerschnegel frisst auch kleine Nacktschnecken und die Eigelege anderer Arten. Es empfiehlt sich deshalb, Schnegel nicht zu bekämpfen. Man sollte sie schonen und ihnen Laub, morsches Holz und Steinhaufen als Unterschlupf lassen.

✻ Tigerschnegel *(Limax maximus)*

✻ Getupfter Tigerschnegel *(Limax maximus)*

✿ Die Weinbergschnecke kann erstaunlich gut klettern.

Gehäuseschnecken: nützlich oder schädlich?

Bei den in unseren Gärten heimischen Gehäuseschnecken handelt es sich vor allem um Weinbergschnecken und Bänderschnecken. Wie auch die Nacktschnecken ernähren sie sich von grünen Pflanzen. Allerdings sind die Schäden, die sie an unserem Gemüse oder anderen Kulturpflanzen anrichten, meist so gering, dass sie sich kaum bemerkbar machen.

Weinbergschnecke
(Helix pomatia)

Sie ist bei Gourmets als Delikatesse beliebt, steht jedoch in Deutschland auf der Roten Liste der geschützten Arten. Die Weinbergschnecke lebt vor allem dort, wo sie Kalk aus dem Boden zum Bau ihres Schneckenhauses aufnehmen kann. Sie ist wesentlich anpassungsfähiger als Nacktschnecken, sie kann sowohl starke Fröste als auch Trockenheit überdauern, indem sie sich tief in die Erde eingräbt und in ihr Schneckenhaus zurückzieht. Die Weinbergschnecke ernährt sich von abgestorbener organischer Substanz, manchmal aber auch von lebenden Pflanzen wie zum Beispiel Kohlarten. Sie benutzt meistens die gleichen Wege im Garten, und so lässt sie sich leicht ködern und wegtragen, bevor sie das Gemüsebeet erreicht. Da Weinbergschnecken nie in großen Invasionen auftreten, ist diese Maßnahme durchaus wirkungsvoll. Dass sie die Eier von Nacktschnecken vertilgt, ist allerdings ein Märchen. Als gefährdete und besonders schöne Schneckenart sollte sie im Garten geduldet werden.

Bänderschnecken

In unseren Gärten treffen wir die **Garten-Bänderschnecke** *(Cepaea hortensis)* sowie die **Hain-Bänderschnecke** *(Cepaea nemoralis)* an. Diese beiden an den schönen, spiralförmigen Bänderungen der Schneckenhäuser erkennbaren Arten leben oberirdisch und klettern oft an den Pflanzen empor. Der Schaden, den sie anrichten, ist allerdings meist gering.

✳ Weinbergschnecke bei der Eiablage.

Schneckenleben
im Jahreslauf

Frühling: Aufbruchstimmung

Im Frühjahr, sobald der Boden aufgetaut ist und von den Sonnenstrahlen stärker erwärmt wird, freuen sich Gärtnerin und Gärtner, endlich mit der Aussaat von Kohl und Kohlrabi, Möhren, Radieschen und Salaten beginnen zu können. Schnecken scheint es in diesem Frühjahr nicht zu geben. Wenn das zum Keimen und Wachsen günstige Frühlingswetter anhält, geht die Saat schnell auf, wir freuen uns. Die Sämlinge wachsen schnell heran. Vielleicht noch so weit, dass wir sie verziehen können, doch dann reicht eine regnerische und relativ warme Nacht, in der die jungen Schnecken vieles zunichtemachen.

Dieses wunderbare feuchtwarme Wachswetter ist auch ideal für die ersten kleinen Schnecken, die im Herbst oder gerade jetzt aus den Eiern geschlüpft sind. Diese Schnecken sind so winzig und haben eine gute Tarnfarbe, dass man sie auf der feuchten Gartenerde kaum oder gar nicht erkennt. Sie sind zwischen Erdkrümeln verborgen, und es fragt sich, ob alle möglichen Abwehrmaßnahmen von Schneckenzäunen über Bierfallen bis hin zu Schneckenkorn bei diesen Winzlingen überhaupt helfen. Doch den frisch auflaufenden Sämlingen von Kopfkohl, Kohlrabi, Radieschen, Rettich und Kopfsalat können sie innerhalb weniger Nächte den Garaus machen.

✸ Im Frühling schlüpfen die jungen Schnecken aus den Eiern.

Sommer:
Hochkonjunktur für Nacktschnecken

Die erwachsenen Schnecken machen sich im zeitigen Frühjahr zunächst noch kaum bemerkbar. Ihr Auftritt beginnt, je nach Art, Landstrich und Witterung im Mai/Juni, ihren Höhepunkt erreichen sie dann in der Zeit von Mitte Juni bis Ende August. Immerhin haben die dicken Brocken der gefürchteten Kapuzinerschnecke (die man fälschlicher Weise als Spanische Wegschnecke bezeichnet) den Vorteil, dass man sie leicht erkennt und so auch einsammeln und mehr oder weniger leicht durch Barrieren vom Gemüse fernhalten kann. Etwas tröstlich ist, dass sie sich dann wirklich fast nur noch auf schwache Pflanzen oder auf die wenigen sehr stark gefährdeten Arten stürzen. Wie groß der Schaden ist, den sie im Hoch- und Spätsommer anrichten, hängt vom Witterungsverlauf ab. Nach längeren Trockenperioden, in denen man dennoch so sparsam wie nur möglich gießen sollte, können sich die Pflanzen erholen, ihr Gewebe festigen, sodass ihnen die Schnecken in einer nachfolgenden Regenperiode nicht mehr viel anhaben können. Ist der Sommer verregnet und feuchtwarm, haben alle Schnecken Hochkonjunktur. Dann ist das Gedeihen mancher Pflanzen in Gefahr.

❋ Schwache Möhren bieten für Nacktschnecken einen Leckerbissen.

❋ Viele kleine Schnecken haben diesen Kohl durchlöchert und unbrauchbar gemacht.

Spätsommer: Paarungszeit

So manche menschliche Zeitgenossen könnten die Schnecken um ihr erfülltes Sexualleben beneiden. Ende August, Anfang September treffen wir Schnecken zu zweit, ganz ungeniert und fest aneinander geschmiegt, bei der Paarung an, die sich meist über Stunden hinzieht. Schnecken sind Zwitter, sie besitzen sowohl männliche als auch weibliche Geschlechtsorgane. Bei der Paarung sind beide Partner zunächst männlich. Sie tauschen ihre Spermien aus. Erst danach setzt die weibliche Phase ein, in der die Eier reifen und von dem zuvor von dem Partner aufgenommenen Samen befruchtet werden.

Das bedeutet auch, dass beide Partner, je nach Art, zwei bis zehn Wochen nach der Paarung befruchtete Eier ablegen. Die verstecken sie geschickt in Erdspalten, aber auch unter Laub und Holzstapeln und ähnlichen Schlupflöchern und nicht zuletzt auch auf dem Komposthaufen. Je nach Art kann eine Schnecke bis zu 400 Eier ablegen. Gerade wegen dieser Vermehrungsfreudigkeit sollten wir in der Zeit von Ende August bis zum Winteranfang nicht müde werden, auch die erwachsenen Tiere abzusammeln. Die aus dem Garten verbannten Exemplare legen ihre Eier anderswo ab.

❋ Nacktschnecken bei der Paarung trifft man im Spätsommer öfter an. Da hilft nur, sie schnellstmöglich aus dem Garten zu schaffen.

Herbst:
jetzt auf Schneckeneier achten

Für Biogärtner, die den Einsatz von Schnecken-korn kategorisch ablehnen, sind nun Ausdauer Spürsinn und Fantasie gefragt. Doch die Suche lohnt sich. Je mehr es gelingt, die Eigelege der Schnecken aufzuspüren und zu vernichten, desto geringer fällt im nächsten Frühjahr die Invasion junger Schnecken aus. Ein Trick besteht darin, den Schnecken Möglichkeiten zur Eiablage zu schaffen, von denen sie dann die Schneckeneier absammeln oder vernich-ten können. Man kann einfach Bretter auf feuchtem Boden auslegen oder kleine Vertie-fungen schaffen, Blumentöpfe oder Rohre mit Holzwolle, Stroh oder Laub füllen und etwas schräg in die Erde eingraben. Diese Eierfallen sollte man regelmäßig kontrollieren und die Schneckeneier vernichten. Da wir aber Wein-bergschnecken und Gehäuseschnecken scho-nen wollen und uns über die Vermehrung der Egelschnecken freuen sollten, müssen wir die Eier der einzelnen Arten erkennen und unter-scheiden lernen.

Die **Großen Wegschnecken** legen weiße, etwa drei Millimeter große runde oder leicht ovale Eier. Wir finden sie, meist in größeren Kolonien abgelegt bereits ab Ende August. Die **Kapuzinerschnecke** (häufig fälschlicher-weise als »Spanische Wegschnecke« bezeich-net) kann pro Exemplar und Jahr bis zu 400 Eier ablegen. Bereits vor dem Winter schlüpfen die ersten jungen Schnecken. Weite-re junge Schnecken erscheinen im März und

April des folgenden Jahres. Die **Gartenweg-schnecken** legen ihre Eier gern in kleinen Hohl-räumen an Pflanzenwurzeln, nicht selten an Wurzelgemüse wie Kartoffeln, Möhren, Rettich, Kohlrabi oder Steckrüben ab. Da empfiehlt es sich, bei der Ernte im Herbst die Pflanzen nicht einfach heraus zu reißen, sondern die Wurzeln und Knollen auszugraben und aufmerksam auf Eigelege Ausschau zu halten. Die Eier sind wesentlich kleiner als die der Großen Weg-schnecken, durchsichtig und etwa so groß wie Stecknadelköpfe. Die Gelege können zehn bis 50 Eier enthalten. Die Gartenwegschnecken legen sie erst ab November bis ins Frühjahr hin-ein. Ähnlich sind die ebenfalls durchsichtigen, bis 2 Millimeter großen Eier der **Ackerschnecke** an Pflanzenwurzeln zu finden.

Die **Egelschnecken** dagegen legen bis zu 200 glasartige Eier in kleinen Erdhöhlen oder Ritzen ab. Treffen Sie bereits im Juli und August auf kleine Erdhöhlen mit etwa 40 bis 50 Schneckeneiern, so stammen diese von der **Weinbergschnecke** und sollten geschont werden.

Da Egelschnecken ja andere junge Nacktschne-cken sowie deren Eier vertilgen, und wir die Weinbergschnecken aus Gründen des Arten-schutzes und der Artenvielfalt schonen wollen, sollte man die Eier kennen und sich vergewis-sern um welche Arten es sich handelt, bevor wir sie vernichten.

Winter: umgraben oder nicht?

Dass ein harter Winter Schädlinge im Allgemeinen und Nacktschnecken im Besonderen reduzieren soll, ist größtenteils Wunschdenken. Alle in unseren Breiten lebenden Schnecken sind unserem Klima so angepasst, dass sie meist auch harte Winter schadlos überdauern. Schnecken verkriechen sich in tiefere Erdschichten oder an andere geschützte Stellen, wo wir sie gar nicht vermuten. Die Frage »umgraben oder nicht?« wird von Biogärtnern oft im Hinblick auf das Bodenleben und die Krümelstruktur des Bodens diskutiert.

Wer seine Gemüsebeete mit Grünkohl, Rosenkohl, Radicchio der Sorte 'Roter von Verona' und Winterkopfsalat bepflanzt und außerdem flächig Feldsalat, Winterportulak oder Winterspinat gesät hat, für den erübrigt sich diese Frage – wo sollte er denn da umgraben. Wer zu früh im Herbst umgräbt, schafft herrliche Verstecke für Schnecken und deren Eier, die sie darin bis zum Winterbeginn ablegen. Will man also die Schnecken wirklich mit dem Frost treffen, muss man kurz vor Weihnachten oder zwischen Weihnachten und Neujahr umgraben, weil die Schnecken dann keine Eier mehr ablegen und eventuelle Gelege sowie die Schnecken selbst an die Oberfläche befördert und dem Frost ausgesetzt werden. Andernfalls zieht man den Boden nach dem Umgraben glatt und deckt ihn mit Mulch ab. Im Frühjahr muss diese Mulchdecke ein bis zwei Wochen vor der Aussaat entfernt und der Boden mehrmals flach durchgehackt werden.

❈ Grobschollig umgraben hilft gegen Schnecken nur, wenn man es vor einer längeren Frostperiode tut.

Schnecken – nicht töten, sondern fernhalten!

Problem Schnecken

In unserem Ökosystem sind auch Nacktschnecken durchaus nützlich. Sie vertilgen abgestorbene Masse – sogar ihre eigenen toten Artgenossen –, bevor es zu Fäulnis kommt und schädliche Keime sich ausbreiten. Sie beseitigen durch ihren gierigen Fraß auch schwache oder kranke Pflanzen. – Leider nicht nur die. Weder die frisch gekeimten Sämlinge noch manche durchaus gesunde Pflanzen werden von den drei zuvor beschriebenen Wegschnecken verschmäht. Dabei haben sie einige Vorlieben. Zum Beispiel Studentenblumen *(Tagetes)*. Deren Gestank schützt die Blumen keineswegs vor Schneckenfraß. Ganz im Gegenteil: die Schnecken scheinen süchtig nach ihnen zu sein. Auch für die Bienen wertvolle Nahrungspflanzen sind vom Schneckenfraß betroffen, allen voran Sonnenblumen.

Schnecken stellen in unseren Gärten eines der größten Probleme dar. Unsere Pflanzen vor ihnen zu schützen, kostet viel Zeit und oft auch Geld, und wir betrauern von Frühjahr bis Herbst den Verlust geliebter Stauden, Sommerblumen und sorgfältig herangezogener Gemüsepflanzen. Nachhaltig können wir dieses Problem nur durch vorbeugende Maßnahmen, vor allem mit dem schonenden Umgang mit dem Boden und seinen Lebewesen sowie der sorgfältigen Kultur der Pflanzen lösen.

✳ Nacktschnecken kannibalisieren ihre Artgenossen. Wer sie tötet und liegen lässt, lockt immer wieder neue Schnecken an.

Die richtige
Wasserversorgung

Gehölze, Stauden, Kräuter, Gemüsepflanzen und Blumen, sie alle brauchen Wasser zum Wachsen und Gedeihen. Doch nicht allein die Menge macht es, sondern auch die Art und Weise des Gießens. Zu wenig oder zu viel, einfach falsch gegossene Pflanzen entwickeln sich nicht zu widerstandsfähigen Exemplaren. Der Boden muss gleichmäßig so feucht sein, dass sie sich selbst optimal mit Wasser und den nötigen Nährstoffen versorgen können. Ist die Erde zwischen dem Gemüse, den Sommer-

blumen oder Stauden abgetrocknet, greifen wir erst einmal zur Hacke statt zu Gießkanne oder Schlauch. Mit einer Flach- oder Ziehhacke hacken wir in kurzen Abständen die verkrustete Oberfläche auf und unterbrechen auf diese Weise die haarfeinen Kapillaren im Boden, die sich durch aufsteigenden Wasserdampf gebildet haben, der an der Oberfläche verdunstet. Durch dieses Hacken bleibt die Feuchtigkeit länger im Boden und kann von den Wurzeln aufgenommen werden.

✸ Durch das Aufhacken des verkrusteten Bodens mit einer Ziehhacke werden die Kapillaren unterbrochen und die Erde bleibt länger feucht.

Darüber hinaus sollte der Boden nie ganz austrocknen. Dies verhindern wir, indem wir die Beete mit Pflanzenresten bedecken, also mulchen. Ideal ist es, die Erde vor dem Wässern zu lockern. Nachhaltig gießen heißt jedoch nicht, mit der Brause spielerisch Wasser über den Pflanzen zu verteilen. Die Blätter können Schaden nehmen, denn die Wassertropfen wirken darauf in der Sonne wie ein Brennglas. Andererseits gelangt das Wasser oft nicht an die Wurzeln der Pflanzen. Die Erde um sie herum bleibt trocken. Nachhaltig gießt, wer die Gießkanne oder den Schlauch mit sanfter Brause dicht über dem Boden sorgfältig von Pflanze zu Pflanze führt. Das dauert im Augenblick zwar länger als das oberflächliche Versprühen, doch diese Art zu wässern ist wesentlich nachhaltiger, vor allem dann, wenn der Boden anschließend gemulcht wird. So können sich die Pflanzen aus dem Boden optimal mit Wasser versorgen, ebenso mit Nährstoffen, denn so haben wir den Mikroorganismen, welche die Nahrung für unsere Pflanzen erschließen, ein optimales Bodenmilieu bereitet. Die Pflanzen wachsen gesund heran und sind widerstandsfähig, auch gegen Schnecken. Dabei geraten Biogärtnerin und Biogärtner leicht in Zwiespalt: Wäre es nicht besser, die Erde unbedeckt abtrocknen zu lassen, um den Schnecken das Kriechen zu erschweren? Bieten wir den Schnecken nicht einen reich gedeckten Tisch?

✸ So nicht! Die Pflanzen leiden und die Schnecken haben es leicht.

✸ Gezielt gießen: Die Pflanzen profitieren davon und Schnecken bleiben fern.

Schneckenfrei Mulchen

Schaffen wir mit einer Mulchdecke nicht ein ideales Schneckenquartier? Meistens verwendet man Rasenschnitt zum Mulchen. Natürlich wäre es praktisch, das frisch geschnittene Gras direkt aus dem Grasfangkorb auf dem Beet, zwischen den Pflanzen, zu verteilen. Doch genau diese Art des Mulchens kann noch zusätzlich Schnecken anlocken. Deshalb streut man den Grasschnitt zunächst ganz dünn auf der Erde aus und lässt ihn antrocknen, bevor man eine weitere dünne Lage zwischen den Pflan-

❋ Perserklee als Gründüngung. Wenn man ihn abschneidet, dient er als Mulch.

zen ausbreitet. Das Gleiche gilt für Unkräuter, die man ebenfalls zum Mulchen verwenden kann, solange sie noch keinen Samen gebildet haben. Wurzelunkräuter eignen sich nur als Mulchmaterial, wenn man sie nach dem Jäten trocknet.

Steht nicht genügend Mulchmaterial zur Verfügung, hilft die Aussaat von einjährigem Klee, zum Beispiel Perserklee. Dessen Samen läuft innerhalb weniger Tage auf und bedeckt bald die offenen Bodenflächen. Als Schmetterlingsblütler sammelt er mit Hilfe der Knöllchenbakterien Stickstoff aus der Luft, der dann auch den Gemüsepflanzen zur Verfügung steht. Wenn der Klee höher als 15 Zentimeter geworden ist, schneidet man ihn mit der Rasenschere ab und lässt das Schnittgut als Mulch liegen. Das Schöne an diesem einjährigen Klee: Er wächst den ganzen Sommer hindurch immer wieder nach, erfriert dann aber zum Winteranfang und bedeckt den Boden. Der Nachteil: Auch der frisch aufgelaufene Klee wird manchmal ein Opfer der Schnecken, die sich ebenso später an dem abgeschnittenen Klee gütlich tun. Dies ist aber auch ein Vorteil, denn der Klee hält die Schnecken von den Gemüsepflanzen ab und man kann sie dort leicht absammeln. Unter diesen Bedingungen herangewachsene Pflanzen entwickeln sich wesentlich robuster gegenüber Krankheiten und Schädlingen. Außerdem ist ein bedeckter Boden feinkrümelig. Er trocknet nicht so leicht aus und bildet nicht so schnell Risse infolge von Trockenheit, in denen sich die Schnecken verstecken.

✳ Rasenschnittgut als Mulch: Man sollte es nur in dünnen Lagen aufbringen oder vorher antrocknen lassen. Dann besteht keine Schneckengefahr.

Kompost – ein Paradies für Schnecken

Kompost gehört untrennbar zum Rohstoffkreislauf eines jeden Gartens. Über ihn erhält der Boden Humus und Nährstoffe, die ihm durch die Pflanzenkultur entzogen wurden, wieder

✺ Auf dem Kompost tragen Schnecken zur Zersetzung der Abfälle bei. Doch dort vermehren sie sich auch!

zurück. Diese Sammlung von Pflanzenabfällen ist natürlich ein Dorado für Schnecken, ein Schlaraffenland! Zweifellos leisten sie auch ihren Beitrag dazu, die organischen Abfälle zu Humus zu verarbeiten. Aus dieser Erkenntnis werfen manche wohlmeinende Gartenfreunde die eingesammelten Schnecken auf den Kompost. Es ist jedoch ein Irrtum zu meinen, auf diese Weise die Schneckenplage zu verringern. Im Gegenteil: Die Schnecken vermehren sich auf dem Kompost umso mehr. Und sie bleiben dort nicht. Sie gelangen, ebenso wie die Eier, natürlich mit dem ausgebrachten Kompost wieder auf die Beete. Also muss man den Kompost so lange ausreifen zu lassen, bis er den Schnecken keine Nahrung mehr bietet. Es gibt Gartenfreunde, die den ausgereiften Kompost sieben und dann in Säcke abfüllen, um ihn später auf den Beeten auszubringen. Je älter Kompost jedoch wird, desto mehr verliert er an Nährstoffen und Mikroorganismen. Gerade ein reifer, aber noch relativ frischer Kompost ist besonders wertvoll, weil er noch eine Vielzahl an Mikroorganismen enthält und reicher an Nährstoffen ist als ein mehrjähriger Kompost.

Wäre es da nicht besser darauf zu achten, dass sich die Schnecken nicht zu stark auf dem Kompost vermehren, ihn vielleicht sogar durch einen Schneckenzaun zu schützen? Ob es allerdings gelingt, nicht doch versehentlich die eine oder andere Schnecke mit den Gartenabfällen einzuschleppen, ist nicht gewiss.

Hilfreiche Gegenspieler

Nacktschnecken bereiten uns deswegen so viel Kummer, weil sie in großen Mengen auftreten. Die Zahl ihrer natürlichen Feinde hat sich in den letzten Jahrzehnten stark verringert. Zudem hat ein einzelner Igel ein großes Revier, das meist weit über unsere Gartengrenzen hinausreicht. Er frisst zwar auch Schnecken, doch kann er allein niemals deren Invasionen verhindern. Wir brauchen viel mehr kleine und größere Helfer, die Jagd auf Schnecken machen oder deren Eier vertilgen, von vielen verschiedenartigen Laufkäfern, über Frösche, Kröten, Molche, Salamander, Spitzmäuse, Blindschleichen bis zu größeren Vögeln wie Amseln, Stare, Elstern …

Dabei ist es gar nicht so schwer, diesen Tieren einen Lebensraum mit geschütztem Nistplatz und Unterschlupf für den Winter zu bieten: einen Reisighaufen oder Holzstapel, einen Steinhaufen oder eine Trockenmauer, Nistkästen auf die jeweiligen Vogelarten abgestimmt, und viel Laub im Unterholz – und den absoluten Verzicht auf Pestizide! Erzwingen können wir die Anwesenheit all dieser in unserem Sinne nützlichen Tiere jedoch nicht.

Zudem verschmähen sie alle die Kapuzinerschnecke, offenbar wegen des bitteren Schleims, den sie absondert. Allein der Igel nutzt die Eigenschaft dieser Schnecke, sich bei Gefahr zusammenzuziehen aus, indem er sie vor sich her rollt, bis sie so viel Schleim abgesondert

hat, dass sie für ihn genießbar ist. Laufkäfer, wie zum Beispiel der gemeine Grabkäfer und Tigerschnegel fressen die Eier der Kapuzinerschnecke.

✺ In den Spalten einer Trockenmauer finden Kröten und Molche ihr Winterquartier.

❋ Laufkäfer fressen Nacktschnecken und deren Eier.

❋ Die Erdkröte ist nachtaktiv, genau wie Schnecken.

❋ Amseln spüren Schnecken in der Erde auf.

❋ Der Igel jagt Schnecken in einem großen Revier.

Enten und Hühner

Ansonsten machen nur Hausenten wie die **Indische Laufente** oder Rassen, die von der Stockente abstammen, Jagd auf die Kapuzinerschnecke (häufig fälschlicherweise als »Spanische Wegschnecke« bezeichnet). Aus Österreich stammt diese Idee mit dem Verleih von Indischen Laufenten »Rent an Ent«. Man kann also ein Entenpaar für eine gewisse Zeit mieten, auf dass die beiden Enten den Garten schneckenfrei halten. Viele professionelle Entenhalter und Entenliebhaber lehnen diese Idee ab, da den Enten in den »Gastgärten« oft nicht der für sie optimale Lebensraum geboten wird.

Da ist es schon besser, selbst Laufenten anzuschaffen und sich vorher genau über die Voraussetzungen und Bedingungen der Laufentenhaltung zu informieren. So sollte man nie ein Tier allein, sondern immer ein Laufentenpaar, also Männchen und Weibchen halten. Das braucht einen Auslauf von mindestens 500 Quadratmetern, der hundesicher umzäunt ist. Unentbehrlich für Enten ist auch ein Teich zum Baden und Trinken. Der Garten-, Biotop- oder Schwimmteich ist zu diesem Zweck ungeeignet, er wäre schnell durch die stark gründelnden Enten verschmutzt und infolge ihres Kots voller Algen. Falls Sie einen solchen Teich haben, zäunen Sie ihn ein und legen Sie einen Tümpel eigens für die Enten an. Der sollte durchaus auch bepflanzt sein, zum Beispiel mit robusten Binsen und Simsen, Wasserschwertlilien oder Kalmus, die den Enten widerstehen, aber zur Reinigung des Teichs beitragen. Wichtig: Die Enten müssen jeden Abend in einem Stall untergebracht werden, in dem sie nachts vor Fuchs und Marder sicher sind. Wissen muss man dazu auch, dass die Laufenten nicht nur Schnecken fressen, sondern auch allerlei Würmer und Insekten, gelegentlich knabbern sie auch an Salaten und anderen Pflanzen. Der Auslauf in den Garten zwecks Schneckenjagd muss also regulierbar sein. Natürlich brauchen die Laufenten auch zusätzliches Futter, vor allem im Winter.

Dieter Gaissmayer, Inhaber der gleichnamigen *Bioland-Staudengärtnerei* in Illertissen, hält seit zehn Jahren zwischen sechs und zehn Laufenten auf seinem weitläufigen Gärtnereigelände. Dort dürfen die Enten frei herumlaufen. Abends werden sie mit Entenfutter in den Stall gelockt. Als das einmal vergessen wurde, hat ein Fuchs eine der Enten geholt. Den Laufenten steht ein 25 Quadratmeter großer Teich zur Verfügung.

✳ Laufenten sind gute Schneckenjäger.

Sie halten die Gärtnerei weitgehend von Schnecken frei, ausgenommen in den Topfquartieren, in die sie nicht hineinkommen sowie in hügeligem Gelände, zum Beispiel einem Alpinum, das für sie schwer zugänglich ist. Die Schäden, die diese Enten in der Gärtnerei anrichten sind gering. Im Herbst oder Frühjahr, müssen einige frisch gepflanzte oder gerade austreibende Pflanzen vor ihnen geschützt werden.

Hühner lassen sich sicher nicht in dieser Weise gegen Schnecken einsetzen. Wer allerdings seinen Garten im Winter brach liegen und dann Hühner dort hineinlässt, kann sicher sein, dass sie mit ihrem Scharren so manches Schneckeneigelege und auch einige junge und alte Schnecken an die Oberfläche bringen. Was die Haltung betrifft, gilt für sie, bis auf den Teich, so ziemlich das Gleiche wie für Laufenten.

❁ Hühner sind zwar keine ausgesprochenen Schneckenjäger, doch durch ihr Scharren legen sie manches Eigelege und Schneckenversteck frei.

Bisherige – brutale – Bekämpfungsmaßnahmen

Viele Gärtner und Gartenfreunde haben gegenüber Schnecken einen regelrechten Hass entwickelt, der bei ihnen eine gewisse Mordlust hervorruft. Sie zerschneiden die Schnecken mit einer Schere. Oder sie streuen Salz auf die Schnecken, sodass die Kriecher elendiglich verenden. Das nutzt nicht viel, denn die Kadaver ziehen noch mehr Schnecken an, die sich kannibalisch über ihre toten Artgenossen hermachen.

Da nimmt sich die Methode, die gesammelten Schnecken mit kochendem Wasser zu überbrühen, noch relativ human aus. Man muss es nur richtig machen, das heißt, die Schnecken in einem Gefäß sammeln und blitzschnell mit so viel kochendem Wasser übergießen, dass sie innerhalb einer Sekunde tot sind. Anschließend lässt man dieses Wasser mit den toten Schnecken einige Tage lang stehen und verteilt dann die – bestialisch stinkende – Jauche rund um die Beete oder entlang der Gartengrenze. *Maria Thun* (1922–2012), Anthroposophin und Altmeisterin des Gärtnerns nach dem Mond, empfahl, etwa 50 bis 60 Schnecken in einen Eimer zu sammeln, diesen mit Wasser zu füllen und mit einem Deckel zu verschließen, wenn der Mond vor dem Sternbild Krebs steht. Dann so

❋ Diese Schneckenfalle kann sowohl mit Bier als auch mit Schneckenkorn bestückt werden. Ob allerdings auch »Unschuldige« hineingeraten, ist nicht gewiss.

lange warten, bis der Mond wieder vor dem Krebs steht. Die Schnecken sind dann verwest. Diese Jauche wird abgeseiht und mit einer Spritze fein um die Beete herum versprüht. Diese Aktion wird drei Mal hintereinander im Abstand von jeweils vier Wochen wiederholt.

Eine andere Methode biologisch-dynamisch wirtschaftender Gärtner besteht darin, die Schnecken bei lebendigem Leib zu verbrennen und dann die Asche im Garten auszustreuen. Maria Thun rechtfertigt diese zunächst brutal anmutende Maßnahme damit, dass nur eine geringe Menge geopfert wird, um die Vermehrung einer wesentlich größeren Anzahl von Nacktschnecken auf ein verträgliches Maß zu senken. Dazu werden 50 bis 60 Schnecken (die Methode gilt auch für andere Schädlinge) in einem Eierkarton gesammelt und auf einem Holzkohlefeuer verbrannt. Auch dies geschieht nach dem Mondrhythmus, und zwar ebenfalls, wenn der Mond vor dem Krebs steht. Eine Person zerreibt die Asche eine Stunde lang mit einem Mörser, danach werden unter Zugabe von Wasser homöopathische Dosen hergestellt, die man schließlich in Wasser gelöst wiederum im Sternbild Krebs rund um die Beete an mehreren Abenden hintereinander versprüht. Angeblich soll dieses »Veraschen« die Vermehrung der Schnecken eindämmen. Man mag es glauben oder nicht oder darüber schmunzeln, wenn es bei Maria Thun heißt, dass man diese Veraschung nicht im Zorn, sondern nur mit guten Gedanken durchführen darf. Tatsächlich haben biologisch-dynamisch wirtschaftende Gärtner mit derlei esoterisch anmutenden Methoden Erfolg und das sicher auch, weil sie mit größter Sorgfalt, immer das Große Ganze mit einbeziehen und voller Konzentration zu Werke gehen.

Bleiben noch die sattsam bekannten Bierfallen. Das Bier in den eingegrabenen Joghurtbechern lockt zwar Schnecken an, die darin dann einen bierseligen Tod sterben, doch ist ihre Wirkung begrenzt, man muss ständig frisches Bier nachfüllen, was passionierten Biertrinkern in der Seele weh tut.

● Nach dem Verzehr von Metaldehyd verlieren Schnecken ihre gesamte Körperflüssigkeit und gehen elend zu Grunde.

Industriell hergestellte Schneckenmittel

Die verschiedenen Arten von Schneckenkorn (siehe Bezugsquellen) unterscheidet man nach den Wirkstoffen. Sie wirken sehr unterschiedlich:

- **Metaldehyd:** Dieser Wirkstoff greift die Schnecken über ihren Feuchtigkeitshaushalt an. Nach der Aufnahme verlieren sie ihre Körperflüssigkeit, ihren Schleim und sterben auf diese Weise in kurzer Zeit. Zurück bleiben Schleimspuren und verdorrte Schneckenkadaver, die meist weitere Schnecken anlocken. Schneckenkorn mit diesem Wirkstoff greift auch die natürlichen Gegenspieler der Schnecken an.

- **Eisen-III-Phosphat** wirkt über die Ernährung der Schnecken. Die haben nach der Aufnahme dieses Schneckenkorns keinerlei Appetit mehr, ziehen sich in Verstecke zurück und verhungern dort. Dieses Schneckenkorn ist zwar für Nützlinge relativ ungiftig, verschont jedoch weder die Weinbergschnecke noch die Schnegel.

- **Kalkstickstoff** war ursprünglich nicht als Mittel zur Schneckenbekämpfung gedacht. Es handelt sich bei Kalkstickstoff (Calciumcyanamid + Calciumoxid = $CaCN_2$ + CaO) um einen Mineraldünger (Kunstdünger), der ausgestreut wird, um den pH-Wert anzuheben und zugleich den Stickstoffverlust im Boden auszugleichen. Ein Nebeneffekt besteht darin, dass dieser giftige und stark ätzende Dünger auch Schnecken vernichtet. Kommt Kalkstickstoff mit Feuchtigkeit in Verbindung, wird Cyanamid (H_2CN_2) freigesetzt, das dann auch die Schnecken umbringt. Man muss beim Ausbringen von Kalkstickstoff Atemschutz und Handschuhe tragen. Da dieser Dünger sowohl Pflanzen als auch Bodenlebewesen tötet, ist im biologisch bewirtschafteten Garten unbedingt davon abzuraten! Die ungefährliche Variante gegen Schnecken wäre der im Biogarten gern verwendete Algenkalk. Allerdings wirkt diese Barriere auch nur bei Trockenheit.

- **Nematoden** sind mikroskopisch kleine Fadenwürmer, von denen einige Arten im biologischen Pflanzenschutz gegen allerlei Schädlinge eingesetzt werden.

✳ Schnecken nehmen Eisen-III-Phosphat-Körner nur in aufgeweichtem Zustand auf.

Phasmarhabditis-Nematoden der Art *P. hermaphrodita* setzt man gegen Schnecken ein. Sie parasitieren ihre Wirtstiere, bis die ihre Nahrungsaufnahme einstellen. Nachteil: Die Nematoden wirken eigentlich nur bei der genetzten Ackerschnecke. Die Wirkung bei den Wegschnecken ist umstritten, bei der Kapuzinerschnecke sollen nur die jungen Tiere getroffen werden. Gehäuseschnecken werden jedoch nicht geschädigt.

Für Biogärtner und auch aus Gründen des Tierschutzes verbietet sich Metaldehyd. Mit diesem Mittel würden wir die Schnecken auf qualvolle Weise verenden lassen. Und es ist nicht sicher, ob damit nicht auch Igel, Kröte oder mancher Vogel Schaden erleiden würde. Die beiden anderen Mittel verwendet man nur im Notfall und nach Möglichkeit nur innerhalb von Schneckenzäunen. Das Eisen-III-Phosphat-Mittel hat leider auch die Eigenschaft, noch mehr Schnecken anzulocken, die sich dann teilweise – gewissermaßen als Henkersmahlzeit – an den Pflanzen gütlich tun, bevor das Mittel seine Wirkung tut. Man muss dieses Schneckenkorn nach dem Ausstreuen überbrausen oder bei Regen ausbringen, denn nur in feuchtem, leicht aufgequollenem Zustand nehmen die Schnecken die ausgestreuten Körner auf. Im trockenen Zustand lockt dieses Schneckenkorn Mäuse an. Im Übrigen sind all diese schneckentötenden Mittel nicht gerade billig. Letztendlich versuchen wir unsere Pflanzen ja vor vermeintlichen Schädlingen zu bewahren, indem wir sie abwehren, jedoch wenn irgend möglich nicht töten, auch nicht mit Mitteln, die für Nützlinge unschädlich sind.

● Eisen-III-Phosphat-Körner, die leider auch die »nützlichen« Schnecken nicht schonen.

Mit Stirnlampe
und Rhabarberblättern

Kapuzinerschnecken paaren sich im August und September und legen anschließend ihre Eier ab. Unter Brettern, Steinen, Blättern sowie in Erdspalten können wir sie aufspüren und vernichten. Zu dieser Jahreszeit sollte man Nacktschnecken besonders gründlich absammeln. Doch sanftmütige und tierliebe Gartenfreunde fragen dann: Wohin damit? – Man kann sie nur noch weit vom Garten entfernt aussetzen: Am Wald- oder Wiesenrand richten sie keinen nennenswerten Schaden an. Dort ist das Nahrungsangebot meist geringer als im Garten, denn die Wildpflanzen sind widerstandsfähiger gegen Schneckenfraß als zum Beispiel unser Gemüse. Dort werden sie sich nicht so stark vermehren.

Wissenschaftler aus England haben in Tests herausgefunden, dass Schnecken nicht mehr in den Garten zurückkehren, wenn man sie mindestens 20 Meter weit von ihrem ursprünglichen Standpunkt entfernt aussetzt. Manche Gartenfreunde gehen nachts mit einer Taschen- oder Stirnlampe auf Schneckenjagd. Leichter ist es, morsche Bretter oder Rhabarberblätter auf den Beeten auszulegen. Darunter verstecken sich die Schnecken.

✸ Unter ausgelegten, etwas angemorschten Brettern suchen die Schnecken tagsüber Unterschlupf. Dort lassen sie sich leicht absammeln.

Anlocken und Vertreiben

Gartenfreunden, denen die Veraschung oder das Ansetzen einer Jauche aus lebenden Schnecken zu grausam erscheint, können alternativ auf pflanzliche Extrakte zurückgreifen, mit denen Sie die Schnecken zumindest etwas zurückdrängen können, zum Beispiel einige Jauchen.

Tees und Brühen

Um eine Pflanzenjauche anzusetzen, können Sie folgendes Rezept verwenden: 1 kg frisches Kraut oder getrocknetes Kraut auf 10 l Wasser ansetzen. Das Gefäß in die Sonne stellen, wo nach wenigen Tagen die Gärung einsetzt. Täglich umrühren. Klingt die Gärung ab (kein Schäumen mehr) gießt man die Jauche 1:5 oder 1:10 mit Wasser verdünnt rund um das Beet oder einzelne gefährdete Pflanzen. Zum Herstellen einer Schnecken-Vertreibungs-Jauche eignen sich: Adlerfarn oder Wurmfarn (1:10), Rhabarberblätter (1:5) sowie Holunderblätter (1:1).

Tee mit stark riechenden Kräutern aufbrühen wie Lavendel, Seifenkraut, Weißem Senf, Tannenzapfen, Tomatenblättern, Kermesbeeren. Zehn Minuten köcheln, abkühlen lassen und unverdünnt über die gefährdeten Pflanzen

❋ Ihr strenger Geruch schützt Tagetes nicht vor Schneckenfraß.

❋ Vorbeugend können Setzlinge in einen Sud aus Begonienblättern getaucht werden.

sprühen. Der Geruch überdeckt den des Gemüses und hält die Schnecken fern. Bei anhaltendem Regen ist allerdings die Wirkung all dieser Abwehrmittel nach spätestens zwei bis drei Tagen verflogen. Dann müssen diese Maßnahmen wiederholt werden.

Ein Extrakt aus Begonienblättern (geeignet sind verschiedene Begoniearten) kann Schnecken von frisch gepflanzten Setzlingen fernhalten. Man setzt 500 g zerkleinerte Begonienblätter und Stängel mit 10 l Regenwasser an. Nach einem Tag kann man die Wurzeln der Setzlinge in diesen Extrakt tauchen oder deren Topfballen eine Stunde lang damit vollsaugen lassen. Nach dem Pflanzen gießt man die Pflanzen mit dem Begonienauszug an und verteilt den Rest mit den Blättern rund um die frisch gepflanzten

Setzlinge. Kaffeesatz rund um die gefährdeten Pflanzen gestreut, hält ebenfalls Schnecken fern.

Mischkultur

In der Mischkultur kann man sowohl Lockpflanzen rund um die Gemüsepflanzen anbauen, um sie von ihrem eigentlichen Ziel abzulenken oder Pflanzen, die von Schnecken gemieden werden. Als Lockpflanzen wählt man am besten solche, deren Samen relativ billig sind, in größerer Menge zu bekommen ist, oder den man selbst leicht von den Mutterpflanzen ernten kann. An erster Stelle sind hier Tagetes zu nennen, aber auch Buchweizen, Senf und Sonnenblumen. Doch wer baut schon gern Pflanzen an, damit sie von Schnecken gefressen werden?

✹ Stark riechende Kräuterbrühen über Gemüsepflanzen gegossen, irritieren die Schnecken.

✹ Nacktschnecken verstecken sich unter den Blättern des Meerrettichs. Sie nagen nur manchmal daran.

Ausnahme Meerrettich. Er lockt Schnecken an. Doch die bringen diese robusten Pflanzen nicht um. Schnecken verstecken sich nur gern unter den Blättern und nagen teilweise auch daran. Dort können sie leicht abgesammelt werden. Aus diesem Grund pflanzt man Meerrettich gern neben ein Kartoffelbeet. Er lenkt die Schnecken von den Kartoffelpflanzen ab. Wer einmal Meerrettich im Garten hat, wird ihn nicht mehr los. Auch nach der Ernte der Wurzeln treiben immer wieder zurückgebliebene Wurzelstückchen aus und bringen üppige Blätter hervor.

Zum Vertreiben von Schnecken kombiniert man Salate mit Kerbel. Erdbeerpflanzen werden zwar nicht von Schnecken angegriffen, jedoch die Beeren, sobald sie zu reifen beginnen. Hier kann eine Barriere aus Petersilie rund ums Erdbeerbeet Abhilfe schaffen. Die passt auch in ihrer Kulturzeit recht gut zum dreijährigen Anbau von Erdbeeren. Man pflanzt die jungen Erdbeeren im August und steckt zwischen je zwei Setzlinge eine Knoblauch-Zehe in die Erde. Knoblauch schützt die Erdbeeren vor Pilzkrankheiten und wird auch von Schnecken gemie-

✱ Eine fast schneckenfeste Mischkultur: Kopfsalat eingebettet zwischen Buschbohnen, Rote Beten und Ringelblumen.

den. Rund ums Erdbeerbeet oder an der Seite von der die Schnecken voraussichtlich am meisten angreifen, sät man einen etwa 30 Zentimeter breiten Streifen mit Petersilie ein. Diese Saat geht noch im Spätsommer bis Frühherbst auf, muss zunächst jedoch noch vor Schnecken geschützt werden. Sie überdauert den Winter und entwickelt sich im nächsten Frühjahr kräftig und gesund. Die Schnecken können dann der Petersilie nichts mehr anhaben und werden sie auch kaum überwinden, um zu den Erdbeeren zu gelangen. Dieser Petersilienstreifen bleibt noch zwei Jahre bestehen. Das entspricht fast der dreijährigen Dauer einer Erdbeerkultur.

Küchenabfälle als Köder

Eine etwas aufwendige Methode, die sehr viel Aufmerksamkeit und Konsequenz erfordert, besteht darin, den Schnecken zunächst ein paar Leckerbissen in Form von Küchenabfällen, faulenden Äpfeln, angefaulten Gurken, Rhabarberblättern, Salatblättern und dergleichen zu bieten, sie zugleich jedoch mit einer stinkenden Schneckenbrühe (siehe oben) oder anderen stark riechenden pflanzlichen Brühen und Jauchen zu vertreiben. Systematisch werden die Köder in einer langen Reihe im Abstand von etwa 50 Zentimetern ausgelegt. Im gleichen Abstand davor bringt man dann die Mittel zur Vertreibung aus. Die Schnecken wandern zu den Ködern, wo man sie einsammelt. Hat man dort alle Nacktschnecken entfernt, legt man in gleicher Entfernung wie zuvor zwischen Köder und Vertreibungsmittel neue Lockmittel aus und versprüht die Jauche oder Brühe, wo vorher Schnecken eingesammelt wurden. Mit

diesem Verfahren lassen sich die Schnecken allmählich bis zur Gartengrenze verdrängen. Dort könnte eine Barriere dafür sorgen, dass nicht wieder neue Nacktschnecken von außen in den Garten gelangen. Und wenn dies aufgrund seiner Größe auch nicht im ganzen Garten gelingen mag, so wäre dies immerhin für einen kleineren Bereich, zum Beispiel die Gemüsebeete leicht möglich. Außerhalb dieses Bereichs können dann wieder andere sanfte Abwehrmaßnahmen ergriffen werden.

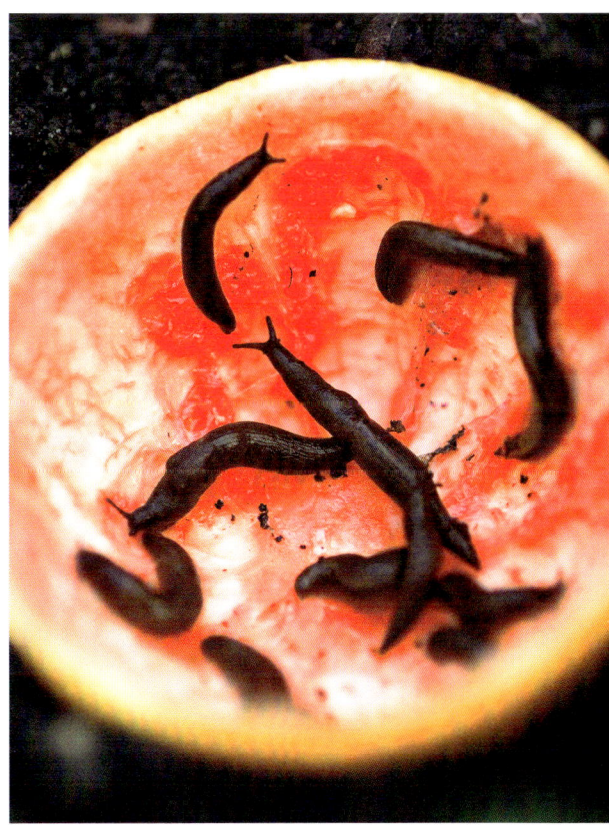

✿ Mit faulenden Obst- oder Gemüseabfällen kann man Schnecken gezielt anlocken.

Barrieren
in allen Variationen

In den alten Klostergärten und in den Bauern-
gärten war es üblich, einzelne Gemüse- oder
Kräuterbeete, sowie ganze Gartenbereiche mit
Buchshecken einzufassen, eine Mode, die in
den letzten 20 Jahren ihr Comeback gefeiert
hat. Diese niedrigen Hecken sind nicht nur ein
gestalterisches Element, sie sorgen auch für ein
gutes Kleinklima auf den Beeten und dicht über
dem Boden, in dem die Pflanzen besser gedeihen und somit auch widerstandsfähiger gegen
Schnecken werden.

Doch muss es immer Buchsbaum sein?
Viele der mediterranen Kräuter wie Eberraute,
Lavendel, Salbei, Thymian, Ysop, Heiligen-
kraut und Origano lassen sich ebenfalls gut
als Beetumrandung oder niedrige Hecke
pflanzen. Im Gegensatz zu Buchs blühen
sie im Sommer und bringen auch durch ihr
zum Teil silbriges Laub Farbe in den Garten.
Auch Minze, Purpurglöckchen und Sonnenhut
rund um einen Gartenteil gepflanzt sollen
einen gewissen Schutz bieten. Unter diesen
Hecken bleibt die Erde meist trocken, und
durch ihren starken Geruch überdecken diese
Kräuter und Stauden den der Gemüsepflanzen. Die Intensität der ätherischen Öle und
damit des Geruchs hängen jedoch immer
auch vom Standort und der Besonnung ab, sie
kann auch tages- und jahreszeitlich bedingt
unterschiedlich ausfallen. So bilden diese niedrigen Kräuterhecken zwar keine hundertpro-
zentige Schneckenbarriere, tragen aber ein

gutes Stück dazu bei, Schnecken von den
Gemüsebeeten fern zu halten.

Urgesteinsmehl, Kalk, Sägespäne, Schilfhäcksel
und dergleichen rund um eine Pflanze oder ein
ganzes Beet gestreut, helfen nur so lange es
trocken bleibt. Kalk ist ungünstig bei einem
ohnehin schon kalkreichen Boden, weil er den
pH-Wert erhöht und damit die Verfügbarkeit
anderer Nährstoffe blockiert. Ähnlich verhält
es sich mit Sägespänen und Schilfhäckseln. Sie
enthalten Kohlenstoff, der Stickstoff bindet. In
der Folge können sowohl Kalk als auch Sägespäne und Schilfhäcksel die Aufnahme wichti-
ger Haupt- und Spurennährstoffe blockieren
und bei manchen Pflanzen Chlorosen und
damit kümmerlichen Wuchs verursachen. Im
Hinblick auf den Boden können Mulchstreifen
aus Brennnesseln, Borretsch, Farnkraut, Fichten-
nadeln, Gerstenstroh, Holunderblättern, Kapuzi-
nerkresse oder Ringelblumen die bessere Alternative sein. Steinmehl streut man am besten
direkt auf die noch taunassen Sämlingspflanzen.
So haftet es länger daran. Die mikroskopisch
kleinen Körner hindern Schnecken am Fressen.
– Allerdings helfen alle diese Barrieren nur,
so lange es einigermaßen trocken bleibt. Die
Mulchmaterialien welken und fangen an zu
verrotten. Man kann sie dann noch ein- oder
zwei Mal wie Heu wenden, sodass die trockene
Seite nach oben gekehrt wird, doch nach gerau-
mer Zeit werden sie ganz durchfeuchtet. Dann
müssen sie erneuert werden.

✽ Sägemehl schützt nur bei Trockenheit.

✽ Eierschalen halten Schnecken vorübergehend ab.

❋ Schneckenzaun aus Gazedrahtgewebe.

❋ Kupferstreifen: unangenehm für Schnecken.

❋ Schneckenzaun aus verzinktem Blech.

Schneckenzäune

Die einzig dauerhaft wirksame Barriere bietet ein Schneckenzaun. Es gibt ihn in unterschiedlichen Ausführungen. Damit lassen sich vor allem Gemüsebeete schützen. Schneckenzäune bestehen aus verschiedenen Materialien. Es gibt sie aus Hartplastik oder verzinkten Blechelementen, deren obere, sieben Zentimeter breite Kante im Winkel von 30° nach außen gebogen ist. Die Elemente werden mit der unteren Kante etwa fünf Zentimeter tief in den Boden gesteckt. Die von außen kommenden Schnecken schaffen es nicht, diese abgewinkelte Außenkante zu überwinden. Ähnliche Zäune gibt es in Form eines Gazedrahtgewebes, das man im Gegensatz zu Schneckenzäunen aus Blech oder Kunststoff in Größe und Form jedem Beet anpassen sowie auch einzelne Pflanzen damit schützen kann. Das Gewebe lässt sich leicht mit einer Blechschere zuschneiden. So kann man auch um einzelne Pflanzen einen Schneckenzaun errichten. Der fertig aufgestellte Schneckenzaun ragt etwa 20 cm aus dem Boden heraus. Dieser Zaun ist im Garten so dezent, dass ihn das Auge kaum wahrnimmt. Der Nachteil: Kleine Schnecken schlüpfen durch die Maschen des Gewebes hindurch.

Manche Schneckenbarrieren bestehen aus Kupferblech. Der Schleim der Schnecken reagiert mit dem Kupfer, was den Schnecken offenbar so unangenehm ist, dass sie es meiden. Elektrische Schneckenzäune bestehen aus einem Kunststoffband, dass man rund ums Beet in den Boden steckt. Daran sind elektrische Leitungen befestigt, die aus einer 9-Volt-Batterie versorgt werden und so elektrische Impulse abgeben, die Schnecken abschrecken. All diese Barrieren dürfen keine Lücken aufweisen. Man muss auch darauf achten, dass durch herabhängende Grashalme oder Pflanzentriebe nicht ungewollt Brücken für die Schnecken entstehen.

Einzelne Pflanzen kann man auch mit einem Plastikkragen aus Kunststoff schützen. Das ist ein Mini-Schneckenzaun in Rundform, den man über die gefährdeten Jungpflanzen stülpt. Mit etwas Geschick lässt sich ein solcher Schneckenkragen auch aus einem Plastikblumentopf herstellen. Der Boden wird herausgeschnitten, falls nötig die Form angepasst und der flexible Kunststoff zurechtgebogen. Auch wenn diese Barrieren Schnecken wirksam abhalten, empfiehlt es sich weiterhin Schnecken innerhalb und außerhalb des Zauns abzusammeln.

🌸 Plastikkragen für einzelne Pflanzen.

✹ Hochbeete eignen sich, um auf kleiner Fläche viel Gemüse anzubauen, sie lassen sich rückenschonend bearbeiten, doch vor Schnecken schützen sie kaum.

Hochbeete – nicht immer sicher vor Schnecken

Häufig wird behauptet, dass Hochbeete vor Schnecken schützen sollen. Dies trifft nicht immer zu. Das Holz des Hochbeetrahmens eignet sich hervorragend für Schnecken, daran emporzukriechen. Sie gelangen ins Innere des Beets und nisten sich dann in den Spalten zwischen der Innenseite der Wand und der Erde ein. Nachts kommen sie heraus und raspeln die Pflanzen ab. Gleiches gilt sicher auch für Hochbeete aus Kunststoff, Mauerwerk oder Beton. So wäre es am besten, ein Hochbeet mit einem Schneckenzaun zu kombinieren, den man etwa 20 bis 30 Zentimeter über dem Boden anbringt. Auch das Bestreichen der Einfassung an der Außenseite mit einem Anti-Schneckengel wäre einen Versuch wert. Bei älteren oder aus Althölzern hergestellten Hochbeeten können die Schnecken auch durch die Ritzen der Bretter oder Balken ins Innere gelangen. Eine von innen angebrachte Folie, die auch das Holz schützen soll, muss so angebracht werden, dass Schnecken, die durch die Ritzen der Hölzer kommen, nicht in die Erde gelangen können. Dies erreicht man, indem man die Folie möglichst tief unter die Unterkante des Rahmens in den Boden eingräbt und sie an der Oberkante mit einer Metallschiene schneckendicht am Holz abschließt. Leider lässt an dieser Stelle auch die Qualität mancher käuflicher Hochbeete zu wünschen übrig.

Die klassische Füllung eines Hochbeets entspricht auch der Schichtung der Materialien im Hügelbeet. Von unten nach oben schichtet man Reisig, Grassoden, Laub, groben, also halb verrotteten Kompost und schließlich feinen, also reifen Kompost, jeweils vermischt mit Gartenerde. Dabei ist es vorprogrammiert, dass Schnecken oder deren Eier ins Hochbeet kommen. Ein Schneckenparadies! Aufgrund der allmählich verrottenden pflanzlichen Abfälle entwickelt sich Wärme in der die Aktivität der Schnecken noch früher im Jahr angeregt wird. Deshalb ist äußerste Wachsamkeit angesagt. Vor der ersten Bestellung des Beets sollte man Bretter, feuchte Lappen oder andere Lockmittel auslegen, um die Schnecken aus dem Hochbeet heraus zu bekommen. Wenn alles nicht hilft, kann man nur noch ein Eisen-III-Schneckenkorn streuen, und das mehrmals hintereinander, bis auch die aus den Eiern geschlüpften Jungschnecken vernichtet sind.

❀ Für Schnecken zu glatt ist dieses Mittel, das man wie Farbe aufträgt.

Die Alternative dazu wäre, auf die organischen Abfälle und ihre Verrottung zu verzichten und die Hochbeete nur mit Gartenerde zu füllen. Die Vorteile des Hochbeets – eine tiefgründige Kulturerde und die bequeme Bearbeitung, ohne sich bücken zu müssen – bleiben dennoch bestehen.

Schnecken aufs Glatteis geführt

Zum Schutz von Hochbeeten eignet sich aber ein Mittel, das Studenten der Christian-Albrechts-Universität zu Kiel entwickelt haben. Schnecken können es nicht überwinden, weil es ihnen schlichtweg zu glatt ist. Es handelt sich um einen Anstrich, der wie Farbe mit einem Pinsel oder einer Sprühflasche auf eine Beetumrandung, einen Frühbeetkasten, ein Hochbeet oder ein Pflanzgefäß aufgetragen wird. Nach dem Trocknen ist der Anstrich so glatt, dass Schnecken einfach abrutschen, wenn sie versuchen, die Barriere zu überwinden. Die Erfinder versichern, dass dieses Mittel absolut frei von Schadstoffen ist und damit weder Bienen noch anderen Insekten schadet. Im Durchschnitt liegt die Wirkungsdauer dieses Mittels bei 36 Tagen und ist damit wesentlich länger als die von Schneckenkorn gleich welcher Art. Ab März 2016 soll es auf den Markt kommen (siehe Bezugsquellen).

❋ Ein Streifen mit einem Schnecken abweisenden Anstrich lässt Schnecken von diesem Hochbeet abrutschen und schützt so die Pflanzen darin.

Mit Homöopathie gegen Schnecken

Ähnliches soll durch Ähnliches geheilt werden, lautete der Grundsatz des Begründers der Homöopathie, Samuel Hahnemann. Die Grundsubstanzen der Heilmittel werden einer sogenannten Potenzierung unterzogen. Die auf diese Weise hergestellten homöopathischen Medikamente erhält man flüssig oder in Form von sogenannten Globuli in der Apotheke. Nun hat man herausgefunden, dass bestimmte homöopathische Potenzen auch gegen Schnecken helfen sollen. Zwei solcher Mittel sind bereits auf dem Markt (siehe Bezugsquellen).

Bei einem Mittel bilden zermahlene Schneckenhäuser der Weinbergschnecke die Grundsubstanz. Aus ihr wird eine Potenz D6 hergestellt und in Form von Globuli angeboten. Etwa einen halben Teelöffel davon rührt man mit einem Holzstab in 10 l Wasser ein und begießt anschließend damit die gefährdeten Pflanzen. Bei Bedarf (zum Beispiel nach Regen) muss die Behandlung wiederholt werden. Bei Salat soll das Mittel die beste Wirkung zeigen. Einige Gartenfreunde haben die Globuli auch bei Erdbeeren erfolgreich angewendet.

Ein anderes Mittel, das nach dem homöopathischen Verfahren der Potenzierung C15 hergestellt ist, zielt vor allem auf die Widerstandskraft der Pflanzen ab. Von dem flüssigen Mittel werden 250 ml mit 10 l Wasser verrührt. Dies soll für eine Fläche von 50 bis 100 Quadratmetern reichen. Dieses Mittel soll sogar bei starkem Regen wirken.

Homöopathische Mittel gegen Schnecken einzusetzen, ist ein neues Verfahren. Empfohlen wird von den Herstellern, bereits die Jungpflanzen damit zu behandeln. Da man immer nur geringe Mengen benötigt, sind die Kosten gering. Auch wenn man vielleicht nicht auf einen direkten Erfolg hoffen kann, so sollen diese Mittel nach längerer, konsequenter und wiederholter Anwendung Nacktschnecken von den Pflanzen fern halten. Auf den Internetseiten der Hersteller dieser homöopathischen Mittel kann man Berichte guter Erfahrungen lesen.

❋ Homöopathie gegen Schnecken, hier in Form von Globuli.

Gesunde Pflanzen

Guter Boden und einwandfreie Pflanzenqualität

Um Stauden dauerhaft gesund und widerstandsfähig gegen Krankheiten und Schädlinge aller Art zu halten, ist es am besten, die gewünschte Pflanzfläche zunächst einmal möglichst tief zu lockern und anschließend Gründüngung zu säen: Leguminosen wie einige Kleearten, Erbsen, Wicken und Lupinen sammeln Stickstoff und reichern die Erde mit Humus an, Kreuzblütler wie Senf und Ölrettich lockern die Erde. Ebenso auch Bienenfreund *(Phacelia),* eine schöne einjährige, blauviolett blühende Pflanze mit starkem Wurzelwerk, auf die Bienen besonders gern fliegen. Man mäht diese Pflanzen ab und lässt sie einfach liegen, bis sich das Mulchmaterial soweit zersetzt hat, dass man es leicht in die Erde einarbeiten kann. Um einen Boden für den Anbau von Gemüse urbar zu machen, empfiehlt es sich, als Erstes Kartoffeln zu pflanzen. Sie bauen Nährstoffüberschüsse meist überdüngter ehemaliger Ackerböden ab, verdrängen Unkraut und lockern durch das Wachstum ihrer Knollen den Boden. Zudem liefern sie uns noch eine Ernte frischer Knollen.

Vor dem Pflanzen der Stauden reichert man, je nach Bodenbeschaffenheit, die zuvor gelockerte Erde mit Kompost an und gibt Gesteinsmehl und Hornspäne dazu. Anschließend alles in die obere Schicht einarbeiten. Für Stauden, die eher auf nährstoffarmem, durchlässigem Boden gedeihen, magert man den Boden, wo nötig, mit Kies oder Splitt ab.

Fallen Sie nicht auf Billigangebote von Supermärkten, Baumärkten und schlecht geführten Gartencentern herein, die neben vielem anderen Ramsch auch Pflanzen als Schnäppchen verhökern. Geben Sie lieber etwas mehr Geld aus und kaufen Sie in zertifizierten Staudengärtnereien, von denen es auch einige biologisch wirtschaftende gibt. Die verzichten konsequent auf Torf, Mineraldünger (Kunstdünger) und Pestizide. Die angebotenen Stauden stammen aus heimischer Produktion. Ein großes Plus: In Staudengärtnereien geht man auf Ihre Wünsche ein und berät Sie einfühlsam und fachkundig.

❀ Sorgfältiges Pflanzen ist Voraussetzung für gutes Gedeihen.

Wohl dosierte Düngung

Oft werden die Sämlinge der Gemüsepflanzen von den Schnecken abgenagt, noch ehe man sie richtig wahrgenommen hat. Daher sollten Gemüse, Kräuter, Sommerblumen und Stauden so gesund und widerstandsfähig wie nur irgend möglich herangezogen werden. Bei Gemüse und Sommerblumen heißt das, den Boden

✸ Kompost ist das schwarze Gold des Gärtners. Dennoch sollte man ihn gut dosiert ausbringen.

sorgfältig zu lockern und die Versorgung mit Kompost und Dünger dem Nährstoffbedarf der Pflanzen anzupassen.

Beim Gemüse unterscheidet man Starkzehrer, Mittelzehrer und Schwachzehrer. Gedüngt werden nur die Beete oder Reihen mit den Starkzehrern wie Auberginen, Gurken, Kopfkohlarten, Kürbis, Paprika, Tomaten und Zucchini. Denken Sie daran, dass Kompost nicht nur ein Bodenverbesserer, sondern auch Dünger ist. Neben Stickstoff enthält er vor allem Phosphor und Kalium sowie viele Spurenelemente. Phosphor und Kalium sind jedoch in nahezu allen Gartenböden in ausreichender Menge enthalten. In den Bodenlabors stellt man bei den meisten untersuchten Bodenproben überhöhte Konzentrationen dieser beiden Hauptnährstoffe fest. Eine zu hohe Anreicherung von Phosphor und Kalium im Boden kann andere, für die Pflanze wichtige Spurenelemente blockieren, zum Beispiel Eisen, das die Pflanze zur Bildung von Blattgrün braucht. Das kann die Pflanzen erheblich schwächen.

Kompost arbeitet man deshalb am besten ebenfalls nur auf den Starkzehrerbeeten ein. Organische Dünger wie Hornspäne oder Hornmehl versorgen die Pflanzen mit Stickstoff. Sie werden nicht von der Pflanze direkt aufgenommen, sondern von den Mikroorganismen des Bodens mineralisiert und in die Bodenkrümel, die Ton-Humus-Komplexe, eingebaut. Dort stehen die Nährstoffe den Pflanzen nach deren Bedarf zur Verfügung. So werden Überdüngungen, wie sie bei der Verwendung von Mineraldüngern (Kunstdüngern) eher möglich sind, in der Regel vermieden. Überdüngung, speziell mit Stickstoff lässt die Pflanzen zwar schnell wachsen, sie bilden jedoch weiches Pflanzengewebe aus, das für Schnecken leichter anzugreifen ist. Bei der Neuanlage eines Gartens oder Gartenteils empfiehlt es sich, eine Bodenprobe an ein Labor einzusenden. Am besten wählen Sie ein biologisch orientiertes Labor aus, dass Empfehlungen gibt, wie Sie Nährstoffmangel mit organischem Dünger ausgleichen können.

Nach den Starkzehrern baut man in zweiter Tracht (im zweiten Jahr) Mittelzehrer an. Zu denen gehören Wurzelgemüse wie Möhren, Radieschen, Rettich, Rote Bete, Schwarzwurzeln und Zwiebeln sowie Kopf-, Pflück- und Schnittsalat. Diese Beete benötigen keine oder, auf magerem Sandboden, nur eine schwache Düngung.

Schwachzehrer sind Bohnen und Erbsen. Sie gehören zu den Schmetterlingsblütlern (Leguminosen) an deren Wurzeln sich Knöllchenbakterien ansiedeln, die wiederum Stickstoff aus der Luft binden und an ihre Wirtspflanzen weitergeben. Das heißt: Diese Pflanzen versorgen sich selbst mit Nährstoffen.

Einjährige Sommerblumen kommen in der Regel mit den von den Vorgängerpflanzen zurückgelassenen Nährstoffen aus. Man kann sie nach den Schwachzehrern auf Gemüsebeete oder je nach Art überall als Lückenfüller zwischen Gehölze und Stauden pflanzen, wo gerade Platz ist, ungeachtet des Nährstoffgehalts im Boden. Manche zweijährige Blumen

wie die wilden Königskerzen, Nachtkerzen und Fingerhüte gedeihen auf lockerem, nährstoffarmem Boden am besten. Fürs Gedeihen aller Pflanzen ist eine gute, lockere Bodenstruktur mit einer guten Wasserspeicherung, aber auch genügend Wasserabzug die wichtigste Voraussetzung fürs weitere gesunde Gedeihen. Nach dem Pflanzen empfiehlt es sich, von Zeit zu Zeit die Erde zwischen den Stauden zu lockern und zu mulchen.

✺ Mit Hornmehl, obwohl organischer Dünger, werden nur die Starkzehrerbeete gedüngt.

Pflanzen, die den Schnecken widerstehen – oder auch nicht

Erfahrungen mit Schnecken

Am besten wäre es, wenn man die Stauden und Sommerblumen, Kräuter und Gemüse weder beschützen noch die Schnecken bekämpfen müsste. Im Nutzgarten lassen sich schützende Maßnahmen nicht umgehen. Jedoch für den Ziergarten gibt es eine Vielzahl von Stauden, die gegen Schnecken weitgehend widerstandsfähig sind oder sogar von ihnen gemieden werden. Es gibt sie, jedoch kann man sich nicht hundertprozentig darauf verlassen.

Nahezu alle jungen Pflanzen und weichen Austriebe sind gefährdet. Zudem liegt es auch am Standort, am Boden und an der Versorgung mit Nährstoffen. Und manche Beobachtung erscheint wie ein Rätsel. So hatte der Autor dieses Buchers einmal in seinem früheren Garten im Badischen mehrere Pflanzen der Sibirischen Wiesen-Iris *(Iris sibirica)* ans Ufer seines neu angelegten Gartenteichs gepflanzt. Sie wuchsen gut, kamen jedoch nie zur Blüte. Die Schnecken nagten die Blütenstiele dicht unter den Knospen an, sodass diese abknickten und verwelkten. Bei seinem Umzug in die Nähe von München nahm er ein paar winzige Ableger dieser *Iris* mit und pflanzte sie ebenfalls wieder ans Ufer eines neu angelegten Gartenteichs. Seitdem hat nie wieder eine Schnecke diese Stauden angerührt. Inzwischen haben sie große Flächen erobert und blühen unbehelligt in jedem Frühsommer.

Eine weitere Erfahrung: Eine Weidenblättrige Sonnenblume *(Helianthus salicifolia)* sowie eine Sonnenbraut *(Helenium)* wurden immer wieder von Schnecken angenagt. Doch nach ein paar Jahren schienen sie den Schnecken, wenn auch manchmal etwas beschädigt, standzuhalten. Da wäre es einen Versuch wert, ebendiese Pflanzen durch Teilung zu vermehren, um so weitere schneckenfeste Exemplare zu erhalten.

Ein anderes Beispiel: Gemeinhin gelten Studentenblumen *(Tagetes)* als Leckerbissen für Schnecken, wohingegen Ringelblumen *(Calendula)* meist von ihnen verschont bleiben. Ein bekannter Gartenjournalist aus der Lüneburger Heide hat jedoch die genau gegenteilige Erfahrung gemacht. In seinem Garten verschmähen die Schnecken Studentenblumen, während sie Ringelblumen schädigen. Somit können auch die Angaben über schneckenresistente Pflanzen nur immer Anhaltspunkte sein, auf deren Basis jede Gärtnerin und jeder Gärtner eigene Erfahrungen sammeln kann.

❉ Sonnenbraut *(Helenium)* ist nur bedingt schneckenfest.

Gesunde Anzucht der Jungpflanzen

Was für die Stauden gesagt wurde, gilt auch für das Saatgut: Kaufen Sie es nicht im Supermarkt, sondern im ausgewiesenen Fachhandel. Achten Sie dabei auf das Datum das auf der Tüte aufgedruckt ist. Bedenken Sie, dass die Tüten meistens viel mehr Samen enthalten, als Sie für die Aussaat während einer Vegetationsperiode brauchen. Sie heben die Tüte auf fürs nächste und übernächste Jahr, gut verschlossen, tro-

cken, dunkel und kühl. So bleibt das Saatgut je nach Art noch einige Jahre lang keimfähig. Aus diesem Grund, sollte man nicht schon altes Saatgut kaufen. Wer Gemüse oder Blumen selbst aussät, gewinnt gesunde Pflanzen durch eine sorgfältige Vorbereitung der Erde, rechtzeitiges Ausdünnen, Pikieren und Verpflanzen und Pflege in Form von Bodenlockerung, wo nötig Anhäufeln und Mulchen.

Gegossen wird nur, wenn Hacken und Mulchen allein die Bodenfeuchtigkeit nicht länger halten können. Grundsätzlich gießt man nur morgens. Dann kommt das Wasser im Boden den Pflanzen zugute, wenn sie es brauchen, das heißt, wenn es genügend hell und warm ist. Bis zum Abend ist die Erde abgetrocknet, was den nachtaktiven Schnecken das Kriechen erschwert. Alle diese Pflegemaßnahmen lassen die Pflanzen besser gedeihen und machen sie widerstandsfähiger gegen Schnecken. Ist einmal ein kränkelnder Salat oder Kohlkopf von Schnecken stark angefressen, dann lässt man ihn am besten als »Fangpflanze« stehen, die von den Schnecken gegenüber den gesunden Pflanzen bevorzugt wird und von der man sie leicht absammeln kann.

Bei Gemüse und einjährigen Sommerblumen sind nahezu alle Sämlinge und frisch verpflanzten Setzlinge gefährdet. Ausgenommen davon sind allerdings Pflanzen, die sich selbst ausgesät haben. Diese Sämlinge werden meistens von

❋ Die Anzucht von Gemüsejungpflanzen ist nicht immer besser als die direkte Aussaat aufs Beet.

den Schnecken verschont, selbst wenn man sie verpflanzt. Da lohnt es sich bei vielen Arten von Gemüse und Sommerblumen ein paar stehen zu lassen, auf dass sie ihren Samen ausstreuen, der dann im nächsten Frühjahr aufgeht. Diese Sämlinge können Sie getrost an den gewünschten Platz verpflanzen. Sie bleiben meistens unversehrt.

Voraussetzung für diese Selbstaussaat der Pflanzen ist, dass es sich entweder um Wildarten oder samenfeste Sorten handelt, um Sorten also, die so lange selektiert wurden, bis ihre Eigenschaften unverändert von Generation zu Generation weiter vererbt werden. Dabei handelt es sich zum großen Teil um alte Sorten. Bei F1-Hybriden (sie sind auf der Samenpackung als solche ausgewiesen) ist diese Selbstaussaat zwar auch möglich. Allerdings besitzen deren Nachkommen nicht mehr zuverlässig die Eigenschaften der Muttersorte. Das kann sich nachteilig auf die Widerstandsfähigkeit gegen andere Schädlinge und Krankheiten sowie die Blühwilligkeit, die Fruchtbarkeit oder den Geschmack auswirken.

(Auf Seite 67 finden Sie eine Liste von Pflanzen, die sich selbst aussäen.)

✱ Vorgezogene Jungpflanzen sollten an einem schneckensicheren Platz im Freien erst einmal abhärten, bevor man sie auspflanzt.

Sämlinge schützen

Abgesehen von diesen sich selbst aussäenden Pflanzen brauchen alle anderen Sämlinge unsere besondere Aufmerksamkeit. Man legt zwischen den Reihen schmale, am besten etwas morsche Bretter aus, unter denen sich die Schnecken verstecken und sich leicht absammeln lassen. Radieschen, Rettich, Salate und manche andere Gemüsearten werden meist zu dicht ausgesät. Dies ist durchaus ratsam, vor allem bei einem schweren Boden, denn gemeinsam schaffen es die Keimlinge leichter, die Erdkruste zu durchbrechen. Mitunter bleiben diese, sich dicht aneinanderdrängenden Sämlinge von den Schnecken verschont. Sobald man sie aber ausdünnt, indem man mit Daumen und Zeigefinger zu dicht stehende Pflänzchen herauszieht, greifen die Schnecken an. Wer in diesem Augenblick nicht aufpasst, findet möglicherweise am nächsten Morgen nur noch abgegraste Stiele vor. Will man den Einsatz von Schneckenkorn vermeiden, kann man Gesteinsmehl ganz dünn mit einem Kaffeesieb über die

❋ Mit Gesteinsmehl kann man frisch aufgelaufene Sämlinge vor Schneckenfraß schützen.

❋ Zeit zum Verziehen. Doch danach sind die Sämlinge gefährdet und müssen geschützt werden.

Sämlinge und frisch gepflanzten Setzlinge pudern. Günstig ist es, wenn die Keimblättchen etwas feucht sind, dann bleibt das Steinmehl besser auf ihnen haften. Den Pflänzchen schadet das nicht. Im Gegenteil: Urgesteinsmehl enthält Kieselsäure, welches die Oberfläche der Blätter kräftigt. Und den Schnecken ist der Appetit vergangen. Regen spült das Mehl allerdings leicht wieder von den Pflanzen ab.

Eine andere Möglichkeit: Decken Sie ein Vlies über die Saatreihen und graben sie dies an den Rändern in die Erde ein. Vergewissern Sie sich vorher, dass keine Schnecke innerhalb der Vlies-abdeckung bleibt. Bei der Anlage einer Mischkultur kann auch ein ganzes Beet, vielleicht sogar mit einem Vliestunnel abgedeckt werden. Vlies hat gegenüber der Folie den Vorteil, dass es einen Luftaustausch ermöglicht und auch Wasser hindurch lässt. Das Vlies muss an den Rändern gut befestigt werden, denn bei starkem Wind kann es leicht weggeweht werden.

Bei Gemüsepflanzen, die außerdem, noch von Gemüsefliege, Mottenschildlaus oder Kohlweißling befallen werden können, leistet ein Gemüsefliegennetz, das man ebenfalls an den Rändern eingräbt, die gleichen Dienste.

✽ Vlies, das man über frische Aussaaten und Jungpflanzen deckt, bietet auf verschiedene Weise Schutz, auch vor Schnecken.

Vorkultur oder nicht?

Auberginen, Paprika und Tomaten müssen auf jeden Fall unter Glas, im beheizten Gewächshaus oder einer Anzuchtbox oder auf einer hellen Fensterbank vorkultiviert werden. Direkt ins Freie ausgesät, würde ihre Entwicklung zu lange dauern und die Ernte gering oder ganz ausfallen. Auch die Jungpflanzen von Wärme liebenden Arten wie Gurken, Kürbis und Zucchini zieht man gern im Gewächshaus oder auf der Fensterbank heran. Man kann sie aber nach den Eisheiligen Mitte Mai auch direkt ins Freie

● Von Gurken sind nur die Sämlinge gefährdet, ältere Pflanzen bleiben meist verschont.

säen. Bei Kohl und Kohlrabi sowie Salaten ist Vorkultur im Gewächshaus oder Frühbeet üblich, aber nicht zwingend notwendig. Man kann sie, wenn auch etwas später, ebenso direkt im Freien aussäen und dann später verpflanzen.

Manche Gartenfreunde kultivieren auch Bohnen oder Erbsen in Töpfen vor. Dabei spielt immer auch der Gedanke an Schutz vor Schnecken eine Rolle. Ob jedoch vorkultivierte Pflanzen tatsächlich widerstandsfähiger gegen Nacktschnecken sind, darüber lässt sich streiten. Vor allem kommt es darauf an, dass die vorgezogenen Jungpflanzen abgehärtet sind, bevor man sie auspflanzt. Am besten stellt man die Töpfe mit den Pflanzen schon einige Tage vor dem Auspflanzen an einem schneckensicheren Platz im Freien auf. Pflanzt man die Setzlinge mit ihren noch weichen Stängeln und Blättern aus dem warmen Gewächshaus direkt ins Freie, feiern die Schnecken in der darauf folgenden Nacht ein Freudenfest!

Vieles spricht für die direkte Aussaat im Freien. Ein sorgfältig vorbereiteter, feinkrümeliger, gut angefeuchteter und bereits erwärmter Boden sollte dabei selbstverständlich sein. Bei Bohnen, Gurken, Kürbis und Zucchini legt man zwei oder drei Samenkörner nebeneinander (Dibbel- oder Horstsaat) in die Erde. Gemeinsam haben es die Keimlinge leichter, die Erdkruste zu durchbrechen. Später werden die überzähligen Sämlinge entfernt oder verpflanzt, sodass nur noch eine junge Pflanze stehen bleibt. Über diese zwei oder drei in den Boden gelegten Samenkörner kann man nach dem Angießen ein Weckglas stülpen, das in den folgenden Tagen wie ein Minitreibhaus wirkt und die Keimung und das Wachstum der Sämlinge beschleunigt. Ist die Saat aufgegangen, nimmt man an sonnigen Tagen das Glas ab und stülpt es bei Nacht zum Schutz vor Schnecken wieder über die Sämlinge, so lange, bis sie so groß geworden sind, dass sie keines Schutzes mehr bedürfen.

❋ Stangenbohnen braucht man eigentlich nicht vorzukultivieren. Doch auch die vorgezogenen Jungpflanzen sollten in der Anwachsphase geschützt werden.

Gefährdung der Pflanzenarten

Es gibt kaum eine Pflanze, die gänzlich sicher vor Schneckenfraß ist. Bei manchen Arten sind nur die Sämlinge gefährdet. Andere müssen wir bis zur Ernte und darüber hinaus schützen. Die Angaben in der nachfolgenden Tabelle beruhen zum großen Teil auf den Erfahrungen des Autors.

Gefährdung von Gemüsepflanzen, ein- und zweijährigen Kräutern und Sommerblumen

Gemüse-, Kräuter- oder Blumen-Art	stark gefährdet	weniger gefährdet	nur Sämlinge und frisch gepflanzte Setzlinge gefährdet
Gemüsepflanzen			
Auberginen*		x	
Buschbohnen			x
Chinakohl	x		
Chicorée		x	
Endivien	x		
Erbsen		x	
Feldsalat		x	
Fenchel			x
Gartenmelde (Rote und Grüne)			x
Grünkohl/Palmkohl			x
Gurken			x
Haferwurzel		x	
Kartoffeln		x	
Kohl (Weiß-, Rot-, Wirsingkohl)			x
Kohlrabi			x
Kopfsalat	x		
Kürbis			x
Mairüben		x	

Gemüse-, Kräuter- oder Blumen-Art	stark gefährdet	weniger gefährdet	nur Sämlinge und frisch gepflanzte Setzlinge gefährdet
Mangold		x	
Möhren (Karotten)			x
Paprika*		x	
Pastinaken			x
Pflücksalat/Schnittsalat			x
Porree (Lauch)		x	
Radieschen/Rettich			x
Rosenkohl			x
Rote Bete		x	
Schwarzwurzeln		x	
Spargel		x	
Spinat		x	
Teltower Rübchen	x		
Tomaten*		x	
Zichoriensalate (Radicchio 'Roter von Verona', Zuckerhut)			x
Zucchini			x
Zuckermais		x	
Zwiebeln		x	

Gemüse-, Kräuter- oder Blumen-Art	stark gefährdet	weniger gefährdet	nur Sämlinge und frisch gepflanzte Setzlinge gefährdet
Kräuter (ein- und zweijährig)			
Basilikum*			x
Bohnenkraut		x	
Borretsch		x	
Dill			x
Kamille		x	
Kapuzinerkresse		x	
Kerbel		x	
Knoblauch		x	
Koriander		x	
Kresse		x	
Kümmel		x	
Löffelkraut			x
Majoran		x	
Petersilie			x
Portulak			x
Rauke		x	
Schnittsellerie		x	
Winterportulak			x
Ein- und zweijährige Blumen			
Atlasblume		x	
Bartnelke		x	
Bechermalve		x	
Fingerhut		x	
Fuchsschwanz		x	

Gemüse-, Kräuter- oder Blumen-Art	stark gefährdet	weniger gefährdet	nur Sämlinge und frisch gepflanzte Setzlinge gefährdet
Goldlack			x
Jungfer im Grünen		x	
Kalifornischer Mohn			x
Klatschmohn		x	
Kokardenblume		x	
Königskerze		x	
Kosmee	x		
Nachtkerze		x	
Levkoje		x	
Löwenmaul*		x	
Maßliebchen		x	
Ringelblume		x	
Schleierkraut	x		
Sommeraster			x
Sonnenblume	x		
Stiefmütterchen		x	
Stockrose (Stockmalve)		x	
Strohblume			x
Tagetes	x		
Vergissmeinnicht		x	
Wicke*		x	
Wilde Malve		x	
Zinnie	x		

* Vorkultur unter Glas unumgänglich

Wenn man Möhren möglichst früh, also schon im März sät, ist die Gefährdung relativ gering, da zu dieser Zeit noch nicht so viele Schnecken unterwegs sind. Gefährlich wird es, wenn man Sämlinge ausdünnt. Offenbar locken die herausgezogenen Sämlinge oder die vorübergehend geschwächten verbleibenden Pflanzen die Schnecken an. Deshalb ist gerade in dieser Phase besondere Wachsamkeit geboten. Später, wenn die Pflanzen weiter gewachsen und kräftiger geworden sind, werden sie kaum noch befallen.

Eine wirksame Methode Sämlinge und Setzlinge vor Schneckenfraß zu schützen, bieten Vliese oder Gemüsefliegennetze. Man setzt Vliese normalerweise als Kälte- oder Sonnenschutz ein, Netze gegen Gemüsefliegen oder zum Beispiel den Kohlweißling. Deckt man aber ein Beet mit

Jungpflanzen damit ab und gräbt das Netz oder die Folie am Rand ein, kommt auch keine Schnecke ins Innere, vorausgesetzt sie befindet sich nicht schon dort.

Unter den ein- und zweijährigen Sommerblumen sind Kosmeen, Sonnenblumen und *Tagetes* am stärksten gefährdet. Relativ unempfindlich sind Löwenmäulchen, Ringelblumen, Fingerhüte, Königskerzen und Stockrosen sowie Malven. Bei gefährdeten Sommerblumen, die man selbst heranzieht, empfiehlt es sich, sie so lange im Topf zu halten, bis sich ihre Stengel und Blätter ziemlich verhärtet haben. Lassen Sie es bei Sommerblumen, sofern es sich dabei nicht um F1-Hybriden handelt, ruhig zu, dass sie sich selbst aussamen. Die daraus keimenden Sämlinge sind meist unempfindlich gegen Schnecken.

● Ringelblumen werden meist von Schnecken gemieden. Unter Glas herangezogen und in Töpfe pikiert, sollte man sie vor dem Auspflanzen an einem schneckensicheren Ort abhärten lassen.

Gemüse, Kräuter und Sommerblumen, die sich selbst aussäen

	Ein-jährig	Zwei-jährig
Gemüse		
Feldsalat		x
Fenchel	x	
Gartenmelde	x	
Haferwurzel		x
Kopfsalat	x	
Mairüben		x
Pflücksalat	x	
Radieschen/Rettich	x	
Radicchio 'Roter von Verona'		x
Schwarzwurzeln		x
Winterkopfsalat		x
Winterrettich		x
Kräuter		
Borretsch	x	
Dill	x	
Kamille	x	
Kerbel		x
Kresse	x	

	Ein-jährig	Zwei-jährig
Kümmel		x
Löffelkraut		x
Petersilie		x
Sommerblumen		
Fingerhut[1]		x
Goldlack		x
Jungfer im Grünen	x	
Kalifornischer Mohn	x	
Klatschmohn	x	
Königskerze[1]		x
Kosmee	x	
Nachtkerze		x
Löwenmaul[2]	x	
Ringelblume	x	
Stiefmütterchen		x
Stockrose[3]		x
Tagetes	x	

1 Einige Arten sind mehrjährige Stauden
2 An geschützten Stellen mehrjährig
3 Meist mehrjährig

Die zweijährigen Pflanzen blühen und bilden Samen erst im zweiten Jahr. Man kann nach der Blüte die Samenstände abschneiden, um so den Samen zu gewinnen. Ansonsten sät sich die Pflanze selbst aus. Im Winter geben die abgestorbenen Mutterpflanzen dem Garten Struktur und bieten den Vögeln Nahrung. Um gesunde, kräftige Nachkommen zu gewinnen, wählt man die jeweils kräftigsten Pflanzen aus, die im zweiten Jahr blühen, Samen bilden und sich aussäen. Die Sämlinge können im Herbst gepflanzt werden.

Frühlingsblüher und unverwüstliche mediterrane Kräuter

Vorfrühlings- und Frühlingsblühern wie Schnee-glöckchen, Winterling, Krokus, Märzenbecher (Frühlingsknotenblume), Blaustern, Schneeglanz, Puschkinie, Hasenglöckchen und Traubenhyazin-then können Schnecken in der Regel nichts anhaben, weil sie während deren Blütezeit noch nicht oder nur in geringer Anzahl auftreten. Bei den Tulpen ist nur *Tulipa kaufmanniana* gefähr-det und bei den Narzissen nagen die Schnecken manchmal an den Blüten spät blühenden Arten und Sorten. Gefährdet sind frisch ausgetriebene Kaiserkronen. Man sollte sie nachts oder an Regentagen mit Einmachgläsern, Glasglocken, Töpfen oder ähnlichem abdecken, bis die Triebe einigermaßen verhärtet sind. So empfiehlt es sich, für einen von Schnecken geplagten Garten möglichst früh blühende Zwiebeln und Knollen auszuwählen. Für die anschließende Blüte wäh-len Sie dann am besten im Frühjahr blühende Stauden aus, die dem Schneckenfraß widerste-hen. (Siehe Tabelle S. 79).

Von den Sommer blühenden Zwiebel- und Knollengewächsen sind Dahlien und Lilien am meisten gefährdet. Auch *Ixia* werden gelegent-lich von Schnecken heimgesucht. Am wider-standsfähigsten sind Knollenbegonien. In einem breiten Streifen um die gefährdeten Pflanzen herum gepflanzt, können sie einen großen Teil der Schnecken abhalten.

Eigentlich sind sie kleine Gehölze: Bergbohnen-kraut, Salbei und Lavendel, Rosmarin, Thymian, Ysop, Origano und Eberraute. Diese Klein-sträucher gedeihen an sonnigen Plätzen. Auf durchlässigem und eher trockenem Boden

✽ Nur manchmal knabbern Schnecken an Narzissen. Meist bleiben sie verschont.

✽ Thymian gehört zu den mediterranen Kräutern und ist eigentlich ein Kleingehölz und schneckenfest.

entwickeln sie den größten Gehalt an ätherischen Ölen und entfalten ihr würziges Aroma. So können ihnen auch die Schnecken nichts anhaben. Sie lassen sich vielseitig in kleinen und großen Gärten verwenden. Man kann ihnen einen eigenen Kräutergarten anlegen, sie als Beetumrandung pflanzen oder mit Rosen und Stauden kombinieren.

❀ Niedrige Kräuterhecken – hier Salbei – irritieren mit ihrem Duft auch Schnecken. Der trockene Boden an ihrem Fuß bildet eine Barriere.

Schneckenfeste
Stauden

Highlights
schneckenfester Stauden

Absolut gegen Schnecken unempfindliche und widerstandsfähige Stauden gibt es nicht. Alle jungen, frisch gepflanzten Stauden sind je nach Art mehr oder weniger anfällig. Es kommt auf die Qualität der gekauften Stauden an, wurden sie mit viel mineralischem Dünger hochgepuscht oder in einer seriösen (Bio-)Staudengärtnerei herangezogen. Stehen sie am richtigen Standort: Schatten liebende im Schatten, Sonnenkinder in der Sonne, ist der Boden für die einen trocken und durchlässig genug, für die anderen nährstoffreich und immer feucht. Die Nachbarschaft und Konkurrenz mag eine Rolle spielen, und manchmal steckt man einfach nicht drin, woran es noch liegen könnte, dass Stauden, denen an anderen Stellen keine Schnecke etwas anhaben kann, gerade in unserem Garten von den Schnecken geradezu verzehrt werden. So bleibt nur eines: eigene Erfahrungen sammeln. Eine Erfahrung des Autors: Auch Stauden, die in der Regel sehr anfällig sind, werden mit den Jahren immer widerstandsfähiger, wenn es gelingt, sie in den Anfangsjahren so gut es geht vor Schneckenfraß zu bewahren. Als Beispiele seien der Diptam *(Dictamnus albus)* sowie die Weidenblättrige Sonnenblume *(Helianthus salicifolius)* und Sonnenbraut *(Helenium)* genannt.

In der Bioland-Staudengärtnerei Gaissmayer in Illertissen testet man in einem besonderen Staudenquartier seit vielen Jahren die Eigenschaften der Stauden, unter anderem auch,

inwieweit sie Schnecken widerstehen. Ein Grund, in dieser Gärtnerei einmal nach den Highlights im Frühling, Sommer und Herbst zu fragen. Hier sind sie:

❋ *Yucca filamentosa* ist eine eindrucksvolle Solitärstaude, um die Schnecken einen Bogen machen.

Frühling

① Gold-Wolfsmilch
(Euphorbia polychroma)

Sie gedeiht an warmen sonnigen Plätzen auf kalkhaltigem Boden ebenso wie an absonnigen Stellen am Gehölzrand. Weithin leuchten ihre gelben Blüten. Die Gold-Wolfsmilch verträgt viel Trockenheit, ist sehr ausdauernd und verträgt winterliche Temperaturen bis zu −23 °C. Die Gold-Wolfsmilch blüht von April bis Mai und wird 30 bis 40 Zentimeter hoch. Man pflanzt sie einzeln oder in kleinen Tuffs. Gute Pflanzpartner sind der »Brennende Busch« *(Dictamnus albus)*, die Hohe Bart-Iris *(Iris barbatamedia* 'Helen Proctor') sowie an absonnigen Plätzen Tränendes Herz *(Dicentra)*.

Die Braunrote Wolfsmilch *(Euphorbia polychroma* 'Purpurea') ist eine Schwester der Gold-Wolfsmilch mit rötlichem Laub und einer herrlichen roten Herbstfärbung. Gut zu ihr passt die Katzenminze *(Nepeta × faassenii* 'Gletschereis').

② Wiesen-Iris
(Iris tetrasibtosa 'Northern Pink')

Die Blütenfarbe dieser noch wenig bekannten Wiesen-Iris ist etwas ganz Besonderes: Lavendelrosa Hängeblätter umgeben einen weißen Dom. Die Stängel sind gut verzweigt. Sie blüht von Mai bis Juni. Diese sehr wüchsige Sorte erreicht eine Höhe von 80 bis 100 Zentimetern. Sie gedeiht am besten in voller Sonne und eignet sich hervorragend für naturnahe Pflanzungen, wo man sie mit einer anderen Wiesen-Iris *(Iris sibirica* 'Caesar's Brother') gut kombinieren kann.

③ Edel-Pfingsrose
(Paeonia lactiflora 'Jan van Leeuwen')

Rein weiße Blütenblätter umgeben die Mitte aus dicht an dicht stehenden gelben Staubgefäßen. Die Blüten sind ungefüllt und daher auch eine hervorragende Bienenweide. Diese Edel-Pfingstrose blüht sehr reich und lange von Mai bis Juni auf standfesten und bis zu 90 Zentimeter hohen Stielen. Sie gedeiht in voller Sonne auf frischem Boden, und man kann sie gut mit anderen schneckenfesten Stauden kombinieren, wie zum Beispiel Rotmoos-Mauerpfeffer *(Sedum album* 'Coral Carpet'), Storchschnabel *(Geranium* Collinum-Hybride 'Nimbus') oder Bergenie *(Bergenia*-Hybride 'Baby Doll').

④ Pfingstrose
(Paeonia-Hybride 'Bartzella')

Zitronengelb mit roten Flecken in der Mitte, halb gefüllt bis gefüllt sind die bis zu 25 Zentimeter großen Blüten. Sie erscheinen von Mai bis Juni und verströmen einen feinen Zitrusduft. Mit den kräftigen, aufrechten Blütenstielen erreicht diese Pfingstrose eine Höhe von 80 bis 100 Zentimetern. Als ebenfalls schneckenfeste Pflanzpartner empfehlen sich Großblatt-Phlox *(Phlox amplifolia* 'David') sowie Blauer Storchschnabel *(Geranium* Pratense-Hybride 'Johnson's Blue').

⑤ Blausternbusch
(Amsonia tabernaemontana)

Viel zu wenig bekannt ist diese von Juni bis Juli in blassblauen Sternblüten blühende Staude. Sie gedeiht auf frischem bis feuchtem, lehmigem Boden und eignet sich für wiesenhafte Pflanzungen in Sonne und Halbschatten. Die Staude verträgt auch längere Trockenzeiten. Das Laub der 80 bis 100 Zentimeter

hohen Pflanze bleibt die ganze Saison hindurch attraktiv. Als Pflanzpartner eignen sich die Kanadische Wiesen-Anemone *(Anemone canadensis),* der Riesen-Sonnenhut *(Rudbeckia maxima)* sowie die Taglilie *(Hemerocallis-*Hybride 'Bonanza').

⑥ Indigolupine
(Baptisia australis)

Auf sandigem Boden gedeiht sie in voller Sonne am besten. Allerdings braucht sie einige Jahre, bis sie sich voll entwickelt hat. Dann belohnt sie aber durch ihre Langlebigkeit und ihre Schönheit mit attraktivem Laub bis zum Herbst und Lupinen ähnlich sehenden Schmetterlingsblüten. Die Indigolupine erreicht eine stattliche Höhe von 80 bis 150 Zentimetern und blüht von Juni bis Juli. Als Pflanzpartner eignen sich das schneckenfeste Zarte Federgras *(Stipa tenuissima)* sowie der leider nicht schneckenfeste Weiße Wiesen-Salbei *(Salvia pratensis* 'Swan Lake').

⑦ Goldlupine
(Thermopsis lanceolata)

Hellgelb leuchten die an Lupinen erinnernden, dichten Blütenkerzen dieser Staude von Mai bis Juni. Sie gedeiht am besten an sonnigem Standort auf mittelschwerem, mäßig nährstoffreichem, mineralischem Boden, wo sie zum Verwildern neigt. Nach der Blüte trägt sie bohnenähnliche Früchte. Ihre Blätter sind silbrig behaart. Geeignete Pflanzpartner dieser 60 Zentimeter hoch wachsenden Staude sind das Blutrote Fingerkraut *(Potentilla atrosanguinea),* die Purpur-Witwenblume *(Knautia macedonica)* und der Hohe Goldbaldrian *(Patrinia scabiosifolia).*

Sommer

⑧ Balkan-Bärenklau
(Acanthus hungaricus)

Diese unverwüstliche Staude mit den dekorativen Blüten- und Samenständen sowie den Blätterkelchen gedeiht in sonniger bis halbschattiger Lage auf tiefgründigen, frischen Böden aber auch an trockenen Standorten. Sie blüht von Juli bis August, anschließend bleibt sie mit ihren Samenständen und Blättern immer noch attraktiv. Deshalb hat diese 60 bis 100 Zentimeter hohe Staude einen prominenten Platz verdient, vor einer Gehölzgruppe oder sogar einzeln im Rasen. Ein ebenso dekorativer Pflanzpartner ist die Elfendistel *(Morina longifolia).*

⑨ Elfendistel
(Morina longifolia)

Auch diese dekorative Staude besticht durch ihren eigenwilligen Habitus mit einer Höhe von 60 bis 100 Zentimetern. Die filigranen zunächst weißen, dann rosaroten Einzelblüten öffnen sich von Juli bis August und duften. Die Samenstände bleiben anschließend bis in den Winter hinein attraktiv. Die Elfendistel wird reichlich von Bienen, Hummeln und Schmetterlingen besucht. Sie gedeiht am besten an sonnigen Plätzen auf durchlässigem Boden, zum Beispiel in Steingärten, in steppenähnlichen Pflanzungen oder auf Hügeln. Die Pflanzpartner sollten möglichst niedrig sein, um die bizarre Erscheinung der *Morina* zur Geltung kommen zu lassen: Schafschwingel *(Festuca ovina* 'Einvogel'), Rotmoos-Mauerpfeffer *(Sedum album* 'Coral Carpet', Polster-Silberraute *(Artemisia schmidtiana* 'Nana'), Teppich-Wollziest *(Stachys byzantina* 'Silver Carpet').

⑩ Silberraute
(Artemisia ludoviciana
var. alba 'Valerie Finnis')

Eine starkwüchsige, Blattschmuckstaude mit kriechendem Wurzelstock. Die silbrig-grauen Blätter sind an den Rändern scharf eingeschnitten. Ihre cremegelben Blüten erscheinen von Juli bis August. Die 60 Zentimeter hohe Staude gedeiht auf durchlässigem Boden an vollsonnigem Standort. Sie lässt sich gut mit Strauchrosen kombinieren und in Staudenrabatten mit blauen, rosa und purpurfarbenen Tönen einfügen.

⑪ Zwerg-Prachtspiere
(Astilbe-Glabberima-Hybride 'Sprite')

An absonnigen Stellen am Gehölzrand und auf frischem Boden entfaltet diese nur 30 Zentimeter hohe Astilbe ihren vollen Reiz: Über zierlichen, krausen bronze-grünen Blättern sprudeln von Juli bis August perlrosa Blütenrispen hervor. Ideale Partner sind Schaumblüte (Tiarella wherryi) sowie Schwarzer Schlangenbart (Ophiopogon planiscapus 'Niger').

⑫ Rosa Sterndolde
(Astrantia major 'Roma')

Bereits ab Anfang Juni erscheinen die silbrig rosa bis altrosa Blüten bis Ende Juli, und bei rechtzeitigem Rückschnitt gibt's noch einmal eine üppige Nachblüte im September. Die Staude wird 40 bis 60 Zentimeter hoch. Sie gedeiht in Sonne und Halbschatten sowohl auf frischem als auch trockenem Boden. Die Prachtspiere (Astilbe Simplicifolia-Hybriden 'Bronze Elegans') sowie der Buntblatt-Knöterich (Polygonum microcaphala 'Red Dragon') sind gute Pflanzpartner.

⑬ Kerzen-Knöterich *(Polygonum amplexicaule* 'Firetail')

Die seit 100 Jahren bekannte Staude leitet mit ihrer langen Blütezeit von August bis Oktober vom Spätsommer in den Herbst über. Mit ihren lachsroten bürstenähnlichen Blütenständen erreicht 'Firetail' eine Höhe von 100 bis 120 Zentimetern. Eine wüchsige Staude, ideal für Plätze an denen sie sich ausbreiten kann, am Gehölzrand oder auf Freiflächen, auf frischem bis feuchtem Boden in Sonne und Halbschatten. Pflanzpartner: Herbst-Anemone *(Anemone* Japonica-Hybride 'Wirbelwind'), Hohes Pfeifengras *(Molinia arundinacea* 'Karl Foerster'), Kandelaber-Ehrenpreis *(Veronicastrum virginicum* 'Fascination').

⑭ Großblütige Schönaster *(Kalimeris incisa* 'Madiva')

Von Juli bis Oktober zeigt diese Schönaster-Sorte eine reiche weißlich-violette Blütenfülle. Das Laub dieser 60 bis 80 Zentimeter hoch wachsenden Staude färbt sich im Herbst gelborange. Sie gedeiht in Sonne und Halbschatten auf sandigem bis lehmigem Boden. Sie lässt sich gut in der Nähe von Gehölzen ohne Wurzeldruck ansiedeln.

Herbst

⑮ Weiße Fetthenne *(Sedum spectabile* 'Iceberg')

Buschig und 40 Zentimeter hoch wächst diese Fetthenne mit grünem Laub. Sie blüht von August bis September weiß, einzelne Triebe können auch rosa Farbtöne zeigen. Sie liebt volle Sonne und einen durchlässigen, auch sandigen Boden. Diese Fetthenne passt gut in

Steinanlagen, Felssteppenanlagen, Beete und Rabatten zu diesen Pflanzpartnern: Berg-Aster *(Aster amellus* 'Veilchenkönigin'), Goldbartgras *(Sorghastrum nutans).*

⑯ Dunkle September-Silberkerze *(Cimicifuga simplex* 'Brunette')

Schwarz-rotes, gefiedertes Laub, vor allem bei Sonnenschein, ist das Besondere dieser Staude. Auch die Blütenstiele sind schwärzlich, im Kontrast dazu stehen die sich aus dunklen Knospen öffnenden Blüten. Die mit ihren Blütenkerzen 140 bis 160 Zentimeter hoch wachsende Staude gedeiht am besten auf frischem bis feuchtem Boden in absonniger und halbschattiger Lage unter Bäumen oder am Gehölzrand. Als Partner empfehlen sich: Wachsglocke *(Kirengeshoma palmata),* Herbst-Anemone *(Anemone* Japonica-Hybride 'Honorine Jobert'), Herbst-Eisenhut *(Aconitum carmichaelii* 'Arendsii').

⑰ Raublatt-Aster *(Aster novae-angliae* 'Purple Dome')

Tief purpurviolett von September bis November blüht diese kugelig wachsende Zwergsorte von nur 50 bis 70 Zentimetern Höhe. Sie gedeiht in voller Sonne auf Beeten und Freiflächen und frischem Boden. Gut kombinieren lässt sie sich mit einer anderen Raublatt-Aster, nämlich 'Rosa Sieger', mit der Sternwolkenaster 'Snowbank' sowie mit dem Schlangenkopf *(Chelone obliqua).*

⑱ Weißbuntes Chinaschilf *(Miscanthus sinensis* 'Morning Light')

Dieses 120 bis 150 Zentimeter hohe Gras wirkt durch seine schmalen weiß gerandeten Blätter sehr filigran. Die wenigen silbrigen Blüten er-

BERG-STEINKRAUT

DOST

scheinen von September bis Oktober. Empfehlenswert auf frischem Boden von Beeten und Freiflächen mit diesen Partnern: Teppich-Myrten-Aster *(Aster ericoides* 'Snowflurry'), Spanisches Gänseblümchen *(Erigeron karvinskianus* 'Blütenmeer'), Weißer Sonnenhut *(Echinacea purpurea* 'Alba'), Kandelaber-Ehrenpreis *(Veronicastrum virginicum* 'Diana').

⑲ Chinesische Bleiwurz *(Ceratostigma plumbaginoides)*

Man sollte die Bleiwurz im Frühjahr an einen vollsonnigen Platz pflanzen. Sie wird nur 20 bis 25 Zentimeter hoch und ist somit als Bodendecker auf durchlässigen, kalkhaltigen und warmen Böden geeignet, zum Beispiel in Felssteppen-Pflanzungen oder Steinanlagen oder an einem nach Süden ausgerichteten Fuß einer Trockenmauer. Im ersten Winter braucht sie etwas Schutz. Geeignete Partner sind: Wurmfarn *(Dryopteris filix-mas)*, Balkan-Wolfsmilch *(Euphorbia amygdaloides* var. *robbiae)*, Nessel-Glockenblume *(Campanula trachelium)*, Weiße Wald-Aster *(Aster divaricatus)*.

⑳ Grönland-Margerite *(Arctantemum arcticum)*

Auf Staudenbeeten und in Steingärten in voller Sonne entfaltet die Grönland-Margerite ihre volle Schönheit in Weiß von September bis Oktober. Die nur 30 Zentimeter hohe Staude liebt einen durchlässigen, humosen und nährstoffreichen Boden. Ein empfehlenswerter Partner ist das Diamantgras *(Calamagrostis brachytricha)*.

Nicht alle empfohlenen Pflanzpartner sind als schneckenfest ausgewiesen. Vergleiche nachfolgende Tabelle.

Stauden, die von Schnecken verschmäht werden und bei Insekten beliebt sind

Jahreszeit Art	Standort	Höhe in cm	Blütezeit/ Blütenfarbe	Bienen- weide	Hummeln	Schmetter- linge
Frühling						
Bärlauch *Allium ursinum*	hs–abs	25	IV–V weiß	x		x
Beinwell *Symphytum officinale*	so–abs	50–100	VI–VIII violett		x	
Bergenie *Bergenia* Hybr.	so–hs	25–40	IV–V und IX dunkelrosa	x	x	
Berg-Steinkraut *Alyssum montanum*	so	10–20	IV–V leuchtend gelb	x		x
Blaukissen *Aubrieta* Hybr.	so	5–10	IV–V tief blauviolett	x	x	x
Christrosen *Helleborus* Hybr.	so–hs	15–25	I–III weiß	x	x	
Echtes Lungenkraut *Pulmonaria officinalis*	abs–hs	25–40	III–V rosa-blau		x	
Frühlings-Platterbse *Lathyrus vernus*	hs	30	IV–V rotviolett	x	x	
Gänsekresse *Arabis caucasica*	so–abs	10–15	IV–V weiß	x		
Genfer Günsel *Ajuga genevensis*	s, hs, abs	20–25	V–VI dunkelblau	x	x	x
Günsel *Ajuga reptans* und Hybr.	s–hs	15	V–VI lilablau	x	x	x
Gundermann *Glechoma hederacea*	so–hs	5–15	III–IV blau-violett	x	x	x
Immergrün *Vinca minor*	hs-sch	10–15	IV–V blau	x	x	
Küchenschelle *Pulsatilla vulgaris*	so	20	III–IV violett			x
Leberblümchen *Hepatica nobilis*	hs–sch	10	III–IV blau		x	x
Sumpf-Dotterblume *Caltha palustris*	so–hs	20–40	IV–V goldgelb	x	x	x
Wiesenschaumkraut *Cardamine pratensis*	so–hs	30–50	IV–V zartrosa	x		x

so = sonnig; hs=halbschattig; abs= absonnig; sch=schattig

Stauden, die von Schnecken verschmäht werden und bei Insekten beliebt sind

Jahreszeit Art	Standort	Höhe in cm	Blütezeit/ Blütenfarbe	Bienen- weide	Hummeln	Schmetter- linge
Frühsommer						
Akelei *Aquilegia vulgaris*	so–hs	50–60	V–IV/blau, rosa, rot, weiß	x	x	x
Bach-Nelkenwurz *Geum rivale*	abs–hs	20–40	V–VI/rosa, gelb, purpur	x	x	x
Eisenkraut *Verbena*-Arten und -Sorten	so	30–50	VII–IX blasslila	x		
Geißbart *Aruncus*-Arten und Hybr.	hs–sch	100– 180	VI–VII weiß		x	
Gewürz-Thymian *Thymus vulgaris*	so	10–30	VI–VII helllila	x		
Goldnessel *Lamiastrum galeobdolon*	hs–sch	20–30	V–VI gelb	x	x	x
Katzenminze *Nepeta × faassenii*	so	30–40	V–VII und IX violettblau, weiß	x	x	
Pfingstrose *Paeonia*, ungefüllt blühende Arten und Sorten	so–abs	70–80	IV–VI weiß, rosa, rot	x	x	x
Taubnessel *Lamium maculatum*	hs–sch	15–20	V–VI rosa, rot	x	x	
Sterndolde *Astrantia*-Arten und Hybr.	so–hs	60–70	VI–VII und IX rosa, rot, weiß			x
Sonnenröschen *Helianthemum* Hybr.	so	10–15	V–VII/weiß, gelb, orange		x	
Waldgeißbart *Aruncus dioicus*	hs	70	VI–VII weiß		x	x
Wasser-Schwertlilie *Iris pseudacorus*	so	60–100	V–VII gelb		x	x
Weißer Mauerpfeffer *Sedum album*	so	5–10	V–VI weiß	x		x
Wiesen-Ehrenpreis *Veronica* *longifolia* und Sorten	so	40–70	VI–VII blau, rosa			
Wiesen-Iris *Iris sibirica*	so	60–100	V–VI/blau, weiß	x		x
Wiesen-Margerite *Leucanthemum vulgare*	so	70	V–VI und IX weiß	x		x
Wolfsmilch *Euphorbia*-Arten und Hybr.	so	80–120	V–VII gelb			x
Woll-Ziest *Stachys byzantina*	so	15–40	VI–VII/lilarosa	x		

so = sonnig; hs=halbschattig; abs= absonnig; sch=schattig

AKELEI

GEISSBART

PFINGSTROSE 'BARTZELLA'

Stauden, die von Schnecken verschmäht werden und bei Insekten beliebt sind

Jahreszeit *Art*	Stand- ort	Höhe in cm	Blütezeit/ Blütenfarbe	Bienen- weide	Hummeln	Schmetter- linge
Hochsommer						
Alpen-Steinquendel *Acinos alpinus*	so	10–20	V–VIII rotviolett	x		x
Berg-Aster *Aster amellus*	so	60–70	VIII–IX/blau	x		x
Blutweiderich *Lythrum salicaria*	so–hs	100–120	VII–IX dunkelrosa	x	x	x
Blutwurz *Potentilla erecta*	so	15–30	VI–VIII/gelb			x
Dost *Origanum*-Arten und -Sorten	so	40	VII–IX rosa	x	x	x
Echter Gamander *Teucrium chamaedrys*	so	30–40	VI–VIII purpurrosa	x	x	x
Echte Katzenminze *Nepeta cataria*	so	60–80	VII–VIII weiß	x	x	
Echtes Labkraut *Galium verum*	so	50	V–IX gelb	x	x	x
Elfendistel *Morina longifolia*	so	60–100	VII–VIII weiß-purpur	x	x	x
Färberkamille *Anthemis tinctoria*	so	30–60	VI–IX goldgelb	x	x	x
Fingerhut *Digitalis* Arten und Hybr.	so–hs	80–100	VI–VII rot	x	x	x
Gelber Lerchensporn *Corydalis lutea*	so–hs	25–35	V–X gelb		x	
Gelbe Lupine *Lupinus-Poly- phyllus*-Hybride 'Kronleuchter'	so	80	VI–VIII leuchtend gelb		x	
Indianernessel *Monarda*-Arten und Hybr.	so	80–120	VI–VIII scharlachrot	x		
Karthäusernelke *Dianthus carthusianorum*	so	30–50	VI–IX purpurrot			x
Kleiner Odermennig *Agrimonia eupatoria*	so	40–50	VI–VIII gelb	x	x	
Königskerzen *Verbascum*-Arten	so	150–250	VII–VIII gelb, weiß	x	x	
Heimische Goldrute *Solidago virgaurea*	so–hs	60–80	VII–IX gelb	x	x	x
Herzgespann *Leonurus cardiaca*	so–hs	100	VII–IX rosa-hellrot	x	x	

so = sonnig; hs=halbschattig; abs= absonnig; sch=schattig

Stauden, die von Schnecken verschmäht werden und bei Insekten beliebt sind

Jahreszeit *Art*	Stand- ort	Höhe in cm	Blütezeit/ Blütenfarbe	Bienen- weide	Hummeln	Schmetter- linge
Kugeldistel *Echinops ritro*	so	80–100	VII–IX stahlblau		x	x
Mädesüß *Filipendula ulmaria*	so–hs	60–150	VI–VIII cremeweiß	x	x	
Minzen *Mentha*-Arten und -Sorten	so	50–70	VI–VIII lila	x	x	x
Moschusmalve *Malva moschata*	so	50–60	VII–IX hellrosa	x	x	x
Nachtkerze *Oenothera*-Arten und -Sorten	so	50–120	VI–IX gelb		x	x
Nachtviole *Hesperis matonalis*	so–hs	60–70	V–VII lila		x	x
Natternkopf *Echium vulgare*	so	60–80	VI–IX rosa/blau	x	x	x
Phlox-Arten *P. amplifolia, P. paniculata*	so–hs	70 – 110	VII–VIII/weiß, rosa, rot, violett			x
Prachtscharte *Liatris spicata*	so	30–80	VII–IX/lila			x
Sand-Thymian *Thymus serpyllum*	so	5–10	VI–VIII rosa	x	x	
Schnecken-Knöterich *Polygonum affine*	so–hs	10–20	VII–IX tiefrosa	x		
Sonnenröschen *Helianthemum*-Hybr.	so	10–15	V–VII/gelb, orange, rosa, rot		x	x
Staudenwicke *Lathyrus latifolius*	so–hs	150–200	VI–VIII weiß, violett	x	x	x
Teppich-Sedum *Sedum spurium*	so	10	VI–VII karminrot	x	x	
Tripmadam *Sedum reflexum*	so	20	VI–VIII/gelb	x		x
Weiße Kugeldistel *Echinops sphaerocephalus*	so	80–100	VII–VIII weiß		x	x
Wiesen-Storchschnabel *Geranium pratense*	so	60–70	VI–VII und IX violett, hellblau	x	x	
Wilde Malve *Malva sylvestris*	so	50–100	V–IX/purpur	x	x	x
Zitronen-Melisse *Melissa officinalis*	so–hs	50–80	VI–VIII weiß rosa	x	x	

so = sonnig; hs=halbschattig; abs= absonnig; sch=schattig

DUNKLE SEPTEMBER-SILBERKERZE

BARTBLUME

Letztendlich gilt

Jeder Garten ist anders. Boden und Klima, und so auch das Kleinklima an einem ganz bestimmten Ort, unterscheiden sich mitunter sehr stark voneinander. Die Lage innerhalb einer Ortschaft, die Topografie und die Himmelsrichtungen spielen eine entscheidende Rolle und nicht zuletzt die Größe und Gestaltung des Gartens. Davon abhängig oder daran angepasst können auch die Pflanzen ganz unterschiedlich auf die jeweiligen Lebensbedingungen reagieren, auch wenn man sie noch so sorgfältig nach dem jeweiligen Standort aussucht. Ebenso hängt das Verhalten der Tiere von den Gegebenheiten des Gartens und seiner Umgebung ab. Von einer benachbarten feuchten Wiese wandern sicher mehr Schnecken zu als von einer trockenen Schottervegetation.

Somit gibt es kein Patentrezept für einen schneckenfesten Garten, sondern viele Wege um dieses Ziel zu erreichen. Sie können ausprobieren, was Ihnen zusagt und praktikabel erscheint. In der Regel führt nicht nur ein Weg zum Ziel, sondern eine Kombination verschiedener Methoden. Dabei soll Ihnen dieses Buch helfen. Am besten Sie probieren die Ihnen für Ihren Garten geeignet erscheinenden Möglichkeiten aus und notieren Erfolg und Misserfolg. So kommen Sie am sichersten zum Ziel eines schneckenfesten Gartens, in dem Frieden herrscht.

Stauden, die von Schnecken verschmäht werden und bei Insekten beliebt sind

Jahreszeit Art	Standort	Höhe in cm	Blütezeit/ Blütenfarbe	Bienen- weide	Hummeln	Schmetter- linge
Spätsommer und Herbst						
Bartblume *Caryopteris × clandonensis*	so	80–100	VII–X dunkelblau	x	x	x
Berg-Bohnenkraut *Satureja montana*	so	15–30	VIII–IX hellviolett	x	x	
Echtes Eisenkraut *Verbena officinalis*	so	30–50	VII–IX blasslila	x		
Einfache Stockrose *Althea rosea*	so	180–200	VII–IX gemischt	x	x	
Eisenhut *Aconitum napellus*	so–hs	140	IX–X blauviolett		x	
Dunkle September- Silberkerze *Cimicifuga simplex* 'Brunette'	abs–hs	140–160	IX–X weiß	x	x	x
Goldhaar-Aster *Aster linosyris*	so	50–60	VIII–X gelb	x	x	x
Herbst-Astern *Aster novi-angliae,* *A. novi-belgii*-Arten	so	80–120	VIII–X lachsrosa, blau	x	x	x
Hohe Fetthenne *Sedum telephium*	so	40–70	VII–X cremegelb, rosa, rostrot	x	x	x
Kerzen-Knöterich *Polygonum amplexicaule* 'Firetail'	so–hs	100–120	VIII–X lachsrosa	x		
Purpur-Leinkraut *Linaria purpurea*	so	60–80	VII–X purpurviolett		x	
Stengel-Silberdistel *Carlina acaulis* var. *caulescens*	so	30–40	VII–VIII silberweiß	x	x	
Wegwarte *Cichorium intybus*	so	60–80	VII–IX himmelblau	x	x	x

so = sonnig; hs=halbschattig; abs= absonnig; sch=schattig

Schneckenfeste Pflanzvorschläge
von Sarah Baur, Staudengärtnerei Gaissmayer

Drei Pflanzvorschläge für Beete in der Sonne, in Halbschatten und Schatten hat Sarah Baur, Mitinhaberin der Staudengärtnerei Gaissmayer in Illertissen und Tochter von Dieter Gaissmayer für dieses Buch erarbeitet. Die Flächen sind jeweils 2,5×1,5 Meter groß. Die jeweiligen Muster lassen sich aber auf einem Beet mehrmals wiederholen. Natürlich sind alle Pflanzen absolut schneckenfest.

Ein weiterer Vorteil dieser Auswahl von winterharten Stauden: Sie blühen alle ungefüllt. Das heißt, alle spenden Nektar und Pollen für Bienen und andere Insekten.

Sonniges Beet

Die leuchtenden Farben des Sommers herrschen auf diesem Beet vor: Weiß, Gelb, Rosa oder auch kräftiges Rot und Blau. Die meisten dieser Stauden blühen genau dann, wenn sonst kaum etwas blüht, zwischen Mitte Juli und Ende August. Aber auch im Frühling und Frühsommer sowie im Herbst ist für Blühendes gesorgt. Stauden wachsen auf eher magerem, trockenem und durchlässigem Boden. Dieses Beet ist so angelegt, dass es von zwei Seiten betrachtet, attraktiv wirkt. Es könnte gut vor einer nach Süden ausgerichteten Terrasse liegen.

Pflanzliste sonniges Beet

Deutscher Name	Botanischer Name	Pflanzen-anzahl	Höhe in cm	Blütezeitpunkt/-farbe
① Schafgarbe	*Achillea filipendulina* 'Coronation Gold'	1	70	VII–IX/gelb
② Gold-Wolfsmilch	*Euphorbia polychroma*	3	30–40	IV–V/gelb
③ Steppen-Wolfsmilch	*Euphorbia segueriena ssp. niciciana*	2	40–60	VI–X/hellgelb
④ Schweizer Oregano, Blumendost	*Origanum* Laevigatum-Hybride Aromatico	3	40	VII–IX/rosa
⑤ Hohe Fetthenne	*Sedum* Telephium-Hybride 'Indian Chief'	2	50–60	VIII–X/leuchtend dunkelrot
⑥ Riesen-Federgras	*Stipa gigantea*	1	60–180	VI–VIII/goldgelb
⑦ Bartblume	*Caryopteris × clandonensis* 'Kew Blue'	1	80–100	VII–X/blau
⑧ Küchenschelle	*Pulsatilla vulgaris*	3	30	III–IV/violett
⑨ Berg-Steinkraut	*Alyssum wulfenianum*	3	10–20	V–VII/goldgelb
⑩ Palmlilie	*Yucca filamentosa*	1	60–120	VII–VIII/milchweiß

❋ Auf dem Sonnenbeet setzen die hoch wachsenden Stauden wie Bartblume, Schafgarbe und Palmlilie farbenfrohe Akzente

Halbschattiges Beet

Dieser Pflanzvorschlag trifft genau die normale Situation in den meisten Gärten. Das Beet ist weder ständig der Sonne ausgesetzt, noch liegt es im tiefen Schatten. Eine Tageshälfte liegt das Beet im Schatten, die andere in der Sonne. Oder ein Baum, Strauch oder ein Haus wirft für ein paar Stunden am Tag Schatten auf die Pflanzfläche. Ideal ist dieser Vorschlag für die Ost- oder Westseite eines Hauses. Der Boden ist ebenfalls »normal«. Er ist ausgeglichen feucht, das heißt, auch an trockenen Sommertagen trocknet er nicht allzu schnell aus, die Erde verschlämmt aber auch nicht bei einem Wolkenbruch oder Dauerregen. Sie ist mäßig nährstoffreich, kann also die Stauden, die in ihr wachsen, gut ernähren, ohne dass immer wieder gedüngt werden muss.

Dieses Beet ist von einer Seite zu betrachten. Man kann es vor einer Mauer, einem Zaun oder einer streng geschnittenen Hecke anlegen. Die Blütenschwerpunkte liegen im Sommer und Herbst. Doch auch im Frühling gibt's Blühendes, das durch die Blüte der Frühlingszwiebelblumen ergänzt werden kann.

Je weniger Sonnenlicht auf ein Beet fällt, desto heller und leuchtender sollten die Blütenfarben der gewählten Pflanzen sein. Unsere Planerin hat sich bei allen dominanten Leitstauden für Weiß entschieden. Von diesen Stauden reicht auf dieser kleinen Fläche jeweils nur ein Exemplar, um die Rabatte aufzuhellen. Wie alle diese Pflanzvorschläge kann auch diese Kombination auf einer längeren Beetfläche mehrmals wiederholt werden. Dies verstärkt die Wirkung der einzelnen Stauden.

Pflanzliste halbschattiges Beet

Deutscher Name	Botanischer Name	Pflanzen-anzahl	Höhe in cm	Blütezeitpunkt/-farbe
① Weiße Wald-Aster	*Aster divaricatus*	1	50–70	VIII–X/weiß
② Herbst-Anemone	*Anemone hupehensis* 'Ouvertüre'	1	80–100	VII–IX/zartrosa
③ Akelei	*Aquilegia vulgaris*	3	50–60	V–IV/blau
④ China-Waldgeißbart	*Aruncus* 'Zweiweltenkind'	1	100–160	VII–VIII cremeweiß
⑤ Rosa Sterndolde	*Astrantia major* 'Roma'	3	130–160	VI–VII und IX silbrigrosa bis altrosa
⑥ Bergenie	*Bergenia* Hybride 'Herbstblüte'	3	25–40	IV–V und IX
⑦ Pupurglöckchen	*Heuchera micrantha* 'Palace Purple'	3	30–60	VII–VIII/weiß, rotbraunes Laub
⑧ Oktober-Silberkerze	*Cimicifuga simplex* 'White Pearl'	1	120–150	IX–X/schneeweiß
⑨ Plattährengras	*Chasmantium latifolium*	3	80–100	VIII–X hellbraun
⑩ Frühlings-Gedenke-mein	*Omphalodes verna*	6	15–20	IV–V blau

✽ Schatten herrscht auf diesem Beet nur im Sommer. Im Frühling leuchten die hellen Blütenfarben der Stauden.

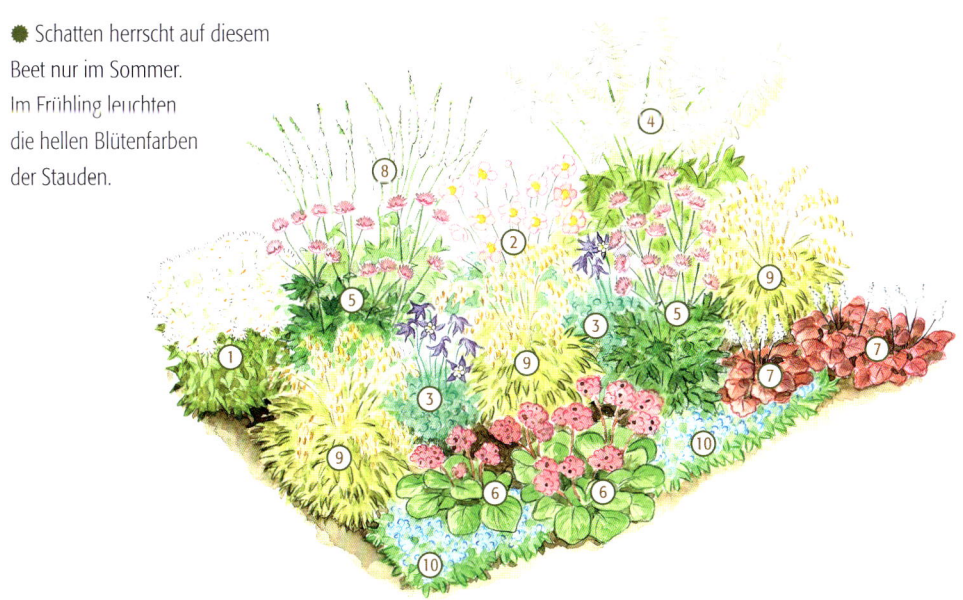

Schattiges Beet

Wer glaubt, im Schatten wachse nichts, den mag dieses Beet vom Gegenteil überzeugen. Im Schatten blüht es sogar, und das vor allem im Frühling. Die Fläche liegt in der Nähe von Bäumen, die allerdings keine ausgesprochenen Flachwurzler sein sollten. Der Boden ist frisch, auf jeden Fall nicht allzu trocken. Das Beet ist flächig angelegt: Elfenblume, Schaumblüte und die Horstige Ungarwurz breiten sich zwischen den höheren Stauden flächig aus, sodass der Boden bedeckt ist und seine erdfeuchte Krümelstruktur behält.

Pflanzliste schattiges Beet

Deutscher Name	Botanischer Name	Pflanzen-anzahl	Höhe in cm	Blütezeitpunkt/-farbe
① Rote Kerzenspiere	*Astilbe chinensis* var. *taquetii* 'Purpurlanze'	3	100	VII–VIII/purpurrot
② Elfenblume	*Epimedium × perralchicum* 'Frohnleiten'	5	20–25	IV–V/goldgelb
③ Schaumblüte	*Tiarella cordifolia*	7	10–20	IV–V/weiß
④ Horstige Ungarwurz	*Waldsteinia geoides*	5	20–30	IV–V/gelb
⑤ Wurmfarn	*Dryopteris filix-mas*	2	80–120	–
⑥ Weißrand-Japansegge	*Carex morrowii* 'Variegata'	3	40	V–VII/gelb
Alternativ können Sie auch diese Sorten verwenden				
Kerzenspiere	*Astilbe chinensis* var. *taquetii* 'Superaba'	3	100	VII–VIII/purpurrosa
Schwarzmeer-Elfenblume	*Epimedium pinnatum* ssp. *colchicum*	5	25–35	IV–V/gelb
Schaumblüte	*Tiarella cordifolia* 'Brandywine'	7	10–20	IV–VI/weiß
Horstige Ungarwurz	*Waldsteinia ternata*	5	10	IV–V/gelb
Steiler Wurmfarn	*Dryopteris filix-mas* 'Barnesii'	2	90–100	–
Goldrand-Japansegge	*Carex morrowii* 'Aureovariegata'	3	30–40	VI–VIII/bräunl. gelb

❋ Wie in einem englischen Border stehen die hohen Stauden im Hintergrund und alle anderen sind auf sie abgestimmt.

Adressen, die Ihnen weiterhelfen

Die Auswahl und Beschreibungen schneckenfester Stauden sind dem Angebot der Bioland-Stauden-gärtnerei Gaissmayer Illertissen entnommen.
www.gaissmayer.de

Stauden und Kräuter

Rühlemann's
Kräuter und Duftpflanzen
Auf dem Berg 2
27267 Horstedt
www.ruehlemanns.de

Herb's
Biolandgärtnerei & Pflanzenversand
Stedinger Weg 16
27801 Nuttel
www.herb-s.de

Staudengärtner Klose
Rosenstraße 10
34253 Lohfelden
www.botanic.de
Foerster-Züchtungen und großes Pfingstrosensortiment

Naturwuchs
Bardenhorst 15
33739 Bielefeld/Vilsendorf
www.naturwuchs.de
Alte Kartoffelsorten, Stauden, Blumenzwiebeln, Gemüsesamen

Arends-Maubach
Monschaustraße 76
42369 Wuppertal-Ronsdorf
www.arends-maubach.de
Staudengärtnerei mit großem Sortiment, auch Foerster-Züchtungen

Syringa
Dipl. Biologe Bernd Dittrich
Bachstraße 7
78247 Hilzingen
www.syringa.de
Duft- und Würzkräuter

Staudengärtnerei Gaissmayer
Jungviehweide 3
89257 Illertissen
www.gaissmayer.de
Umfangreiches Staudensortiment mit Phloxen und Foerster-Züchtungen

Staudengärtnerei Feldweber
A-4974 Ort im Innkreis (Österreich)
www.feldweber.com
Großes Sortiment an Pfingstrosen und Iris

Sarastro Staudengärtnerei
A-4974 Ort im Innkreis (Österreich)
www.sarastro-stauden.com
Winterharte Blütenstauden, Alpenpflanzen, botanische Seltenheiten

Weitere Adressen zu Stauden, Kräutern und Wildpflanzen

Bund deutscher Staudengärtner
www.stauden.de

Bundesverband österreichischer Staudengärtner
www.gartenbau.or.at

Naturgarten e. V.
www.naturgarten.org

Biosaatgut

Bingenheimer Saatgut AG
Kronstr. 24
61209 Echzell
www.bingenheimersaatgut.de

Dreschflegel
Postfach 1215
37202 Witzenhausen
www.dreschflegel-saatgut.de
Alte Kulturpflanzen

Arche Noah
Obere Straße 40
A-3353 Schiltern
www.arche-noah.at
*Gesellschaft zur Erhaltung der
Kulturpflanzenvielfalt*

Reinsaat
A-3572 St. Leonhard am Homerwald 60
www.reinsaat.co.at
Samenfeste Kultursorten

Schneckenzäune

Beckmann
www.beckmann-kg.de

Elektro-Schneckenzaun
www.elektro-schneckenzaun.de

Gartenversand Richard Ward
www.gartenbedarf-versand.de

Keller GmbH & Co. KG
Biogarten und Gesundheit
www.biokeller.de

Manufactum
(Schneckenzaun aus Kupferband)
www.manufactum.de

Schneckenprofi
www.schneckenprofi.de

Schneckenfallen

Beckmann
www.beckmann-kg.de

Nixdorfs Gemüsegarten
Versandhandel Wolfgang Nixdorf
www.garten-wn.de

Schneckenkorn

Neudorff GmbH & Co. KG
www.neudorff.de
Eisen-III-Phosphat, Ferramol

Schneckenprofi
www.schneckenprofi.de

Homöopathische Mittel gegen Schnecken

Helix tosta
www.narayana-verlag.de/Helix_tosta

Homeogarden
https://www.pflanzenfee.at/homeogarden/
schnecken-stop

Schexagon
www.start.com/schexagon oder
www.schneckenprofi.de
»Anstrich« oder Spray gegen Schnecken

Literatur

Claudia Graber, Henri Suter:
Schneckenbekämpfung ohne Gift, erfolgreich und
dauerhaft, Franck-Kosmos Verlag Stuttgart 1999

Engelbert Kötter:
Schnecken im Naturnahen Garten, av Buch im
Cadmos Verlag 2014

Robert Sulzberger:
Nie mehr Schnecken, blv Verlag München 2012

Maria Thun:
Erfahrungen für den Garten, Franck-Kosmos Verlag
2003

Stichwortverzeichnis

Bildnachweis

Aksenova Natalya – shutterstock.com: 34;
alessandrozocc – fotolia.com: 21; Alex Po –
fotolia.com: 20l; Andrjuss – shutterstock.com:
23; Arco Images/Minden Pictures/Bert Pijs/NIS:
13m; Baumjohann: 9, 20r, 26, 39, 59; Bild-
agentur Zoonar GmbH – shutterstock.com:
32ul; blickwinkel/H. Bellmann/F. Hecker: 15r;
blickwinkel/Hecker/Sauer: 19; blickwinkel/
McPHOTO: 37; Bo Valentino – shutterstock.
com: 32or; Delphine Debressy – fotolia.com:
60r; Dieter Hawlan – shutterstock.com: 8;
Dwayne Fussell – shutterstock.com: 27l;
Eugene Sergeev – shutterstock.com: 57; Fabio
Lamanna – shutterstock.com: 58; Flora Press/
BIOSPHOTO/Gilles Le Scanff & Joëlle-Caroline
Mayer: 6; Flora Press/Edition Phoenix: 41r; Flora

Press/FLPA: 10; Flora Press/Garden World I
mages: 45o, 45u; Flora Press/GWI: 18, 43;
Flora Press/Jane Sebire: 35; Flora Press/
MAP: 70; Flora Press/Marcus Harpur: 46or;
Flora Press/Redeleit & Junker/L. Redeleit: 40r;
Flora Press/Redeleit & Junker/S. Storjohann: 52;
Flora Press/Redeleit & Junker/U. Niehoff: 16;
Flora Press/Royal Horticultural Society: 27r, 61;
Flora Press/The Garden Collection/Nicola
Stocken Tomkins: 48; Flora Press/Thomas
Lohrer: 46u; Flora Press/Visions: 56; Franke: 28,
60l; Gaissmayer: 71–90; GAP Photos/Tim
Gainey: 38; Gerhard Seybert – fotolia.com: 51;
imago13 – fotolia.com: 30; Kichigin – shutter-
stock.com: 32ur; Mauritius images/Alamy: 13o,
14m, 14o, 14u, 15l, 32ol, 36, 47, 48l; Mauritius

images/imageBROKER/Christian Hütter: 13ul;
Mauritius images/imageBROKER/Konrad
Wothe: 7; Mauritius images/Kroiss: 13ur;
Mauritius images/Minden Pictures: 17;
Reinhard: 29, 33, 40l, 46ol; Roxana Bashyrova
– shutterstock.com: 68r; Scheu-Helgert: 41l;
Strauß: 24, 31, 42, 53, 54, 55, 63, 66, 69;
Timmermann: 2/3; Viperagp – fotolia.com: 1;
www.solvoluta.de: 49, 50; www.wikipedia.org:
25; Yuris – shutterstock.com: 62

Grafiken: Claudia Schick nach Vorlagen von
Sarah Baur

Über den Autor

Wolfram Franke ist gelernter Gärtner und Gartenbautechniker und begann seine journalistische Laufbahn 1980 bei *mein schöner Garten,* zunächst als Redaktionsassistent und nach einem Jahr als Redakteur. Zwanzig Jahre lang war Wolfram Franke Chefredakteur von *kraut & rüben,* Magazin für biologisches Gärtnern und naturgemäßes Leben, seit Mai 2009 ist er Herausgeber dieser Zeitschrift. Das biologische Gärtnern sowie Garten- und Schwimmteiche machte er bereits zu Beginn seiner journalistischen Laufbahn zu seinen Spezialgebieten. Wolfram Franke ist seit 1985 Autor im BLV Buchverlag. Privat bewirtschaftet er neben seinem kleinen Reihenhausgarten auch einen 800 Quadratmeter großen Kreativgarten nach ökologischen Regeln.

Impressum

Bibliografische Information der Deutschen Nationalbibliothek

Die Deutsche Nationalbibliothek verzeichnet diese Publikation in der Deutschen Nationalbibliografie; detaillierte bibliografische Daten sind im Internet über http://dnb.d-nb.de abrufbar.

BLV Buchverlag GmbH & Co. KG

80636 München

© 2016 BLV Buchverlag GmbH & Co. KG, München

Umschlagkonzeption und Gestaltung: BLV-Verlag
Umschlagfotos:
Vorderseite: Plainpicture/Michel Lauder
Rückseite: Strauß (links), Baumjohann (Mitte), Flora Press/Marcus Harpur (rechts)

Lektorat: Rita Meixner
Herstellung: Angelika Tröger
Layoutkonzept Innenteil: griesbeckdesign, Dorothee Griesbeck, München
Layout: Kathrin Michel, München

Gedruckt auf chlorfrei gebleichtem Papier

Printed in Germany
ISBN 978-3-8354-1479-2

Hinweis
Das vorliegende Buch wurde sorgfältig erarbeitet. Dennoch erfolgen alle Angaben ohne Gewähr. Weder Autor noch Verlag können für eventuelle Nachteile oder Schäden, die aus den im Buch vorgestellten Informationen resultieren, eine Haftung übernehmen.

f www.facebook.com/blvVerlag

Das Gold des Gärtners